爱的八次约会

EIGHT DATES　Essential Conversations for a Lifetime of Love

[美] 约翰·戈特曼　朱莉·施瓦茨·戈特曼
　　 道格·艾布拉姆斯　瑞秋·卡尔顿·艾布拉姆斯　著
王姗姗　译

北京日报出版社

目　录
CONTENTS

Chapter 1
一生的亲密关系
始于有意义的对话
001

Chapter 2
如何避免"婚内孤独"
047

Chapter 3
为什么会吵架
085

Chapter 4
别让爱情死于"无性婚姻"
111

Chapter 5
爱情的代价
139

Chapter 6
成长的空间
171

Chapter 7
让爱情充满新鲜感
189

Chapter 8
好的爱情是共同成长
221

Chapter 9
让彼此发光
243

结语　**262**　　附录　**267**

致谢　**273**　　尾注　**278**

CHAPTER 1

一生的亲密关系
始于有意义的对话

你们关系的含义远远大于在同一个屋檐下生活,大于共同生儿育女。你们是对方最重要的朋友,是对方最亲密的人。

完美爱情的8个关键对话

每一段完美的爱情中，彼此的交流永远不会停止。从刚认识时互相试探性的提问，到关乎信任和忠诚的紧张、激烈的讨论，再到彼此心心相印时对两个人的激情、痛苦与梦想的共同探索。在每一个阶段，高质量的对话都能让我们进一步了解对方，从而携手共度漫漫岁月。

两条生命轨道相交时，会不可避免地发生碰撞与摩擦。这时，应怀着好奇心去探索对方，而不是面红耳赤地去争论孰是孰非，这样才能让两人在意见相左时相向而行，而非渐行渐远。不管你们是属于健谈还是沉默寡言的类型，你们之间的对话，以及说话时的表情和肢体动作，都决定了你们关系的质量。现实世界中的爱情没有童话中那么美好，它很脆弱，需要两个人用心经营。但是，一分耕耘一分收获，用心经营的爱情，会让彼此越爱越深：在 50 岁结婚纪念日时，你的另一半会比你们新婚之时更爱你，你们可以永浴爱河。

然而，我们发现，一段婚姻的成败好像比扔硬币更加具有不确定性。在葡萄牙，离婚率高达 70%；美国也没有好到哪里去，头婚的离婚率是 50%，二婚的离婚率是 65%，而三婚的离婚率更是高达 75%。这些都是在婚姻这场"赌博"里输掉的人，他们选择了中途放弃。而那些貌似坚持到最后的夫妻又是怎样的呢？许多人都在围城中痛苦挣扎：要么陷入平静的绝望中，要么极度沮丧，要么觉得这样的生活乏味至极。但是，在你绝望到想举手投降之前，请注意，现实生活中也有很多"神仙眷侣"，让我们再一次相信爱情的存在。

在我们所处的这个时代，人们对爱情和伴侣的期望越来越高，我们也面临着前所未有的挑战。但这一切并非命中注定，而是全凭围城中的人自己做出抉择。

40 多年来，戈特曼研究所一直在研究经营爱情的秘诀。我们现在也知道了让爱情保鲜，从而收获完美爱情的方法。在位于西雅图的实验室里，我们通过同步观察、自我报告、生理分析等途径获取了夫妻、情侣相处的数据，并通过大数据等科学方法分析了这些数据。在跟踪调查了数千对夫妻、情侣后，我们知道了亲密关系中最容易发生争执的地方。我们可以很自信地告诉各位读者，我们已经发现了让一些人的婚姻或恋情顺风顺水，而让另外一些人的关系一团乱麻的原因。我们还能让读者朋友通过书中介绍的八次重要交流，创造出两个人长久幸福的未来。

真正的爱情，不是花前月下的山盟海誓，而是平凡日子里的细水长流。天长地久的爱情是朝夕相处的产物，成功的亲密关系来源于平凡日子里一句慰勉的话语、一个关怀的动作。在你们返回尚未稳定下来的小窝时，在卧室共享梳妆台抽屉的空间时，在你们举办婚礼说"我愿意"时，并不意味着你们已经完全了解对方。伴侣间的互相了解永远没有期限，你可以一辈子都对伴侣的内心世界保持好奇，一辈子都勇于和他（她）分享自己的内心世界，并且永远不停止对他（她）的探索。

这会是一个激动人心而又漫长的旅程，会是你这辈子伟大的人生探险之一。请相信我们，我们已经了解了让爱情长久的秘密。我们这些研究人员本身就已经是"婚姻老手"了，其中约翰和朱莉已经结婚 30 余年，道格和瑞秋（约翰和朱莉、道格和瑞秋都是本书作者）也已经结婚 25 年。并且，我们仍在探索彼此未知的地方，对伴侣仍保持着新鲜感，对伴侣的爱只增不减。但是，这并不代表我们的关系是完美的。和其他夫妻或情侣一样，我们这些"夫妻档"研究人员时而争执，时而粗鲁，时而会忽略对方的感受。想要拥有一份真挚的爱情，不需要追求完美，只需要多加练习：练习如何表达爱和接受爱。爱不同于感受，它更多地体现在行动上，这需要专心和用心。好好练习可以帮助你们达到"琴瑟和鸣"的境界。

知道让彼此白头偕老、爱情天长地久、浓情蜜意与日俱增的终极奥秘是什么吗？就是把留出固定的时间专心陪伴爱人当作生命的重中之重，并保持对爱人的好奇心。不要觉得你们昨晚同床共枕，你就足够了解今天的他（她）。总而言之，要保持向伴侣提问的习惯，而且要问到点子上。

> **把留出固定的时间专心陪伴爱人当作生命的重中之重，并保持对爱人的好奇心。**

我们所指的，不是简单的"你饿了吗"这种封闭式问题，而是需要思索的开放式问题。这些问题其实是一种邀请，因此答案绝不是一两个字。恰当的问题能够让你和你的伴侣进行深入的对话，让你的伴侣敞开心扉和你分享他（她）的感受。一问一答间，你就能进一步了解自己的伴侣：他（她）为什么有这样的想法？为什么有这样的行为？他（她）是怎样的人？开放式问题能帮助你们深入对话，加深你们的爱，帮助你们下决心做出长期承诺，或帮助你们在一起慢慢变老时仍爱意不减。

通过本书，你将学习到如何跟你的伴侣进行促进亲密关系的对话，让你更加深刻地理解你的伴侣，了解你们的相似点和不同点。而这些能让你成为亲密关系的管理者而不是毁灭者。我们把这些对话分成了 8 个主题：信任、冲突、性爱、金钱、家庭、娱乐、成长、梦想。它们在亲密关系中都是至关重要的。本书根据这 8 个主题策划了八次约会，每个约会章节的最后，都有步骤详尽的练习，并有伴侣可以互相提问的开放式问题。

书中提供的是样板式约会，读者可以酌情调整，但我们希望你们能把这八次约会都践行一遍，并终生体验约会。活到老，约会到老。即便你们已经 95 岁，腿脚不灵便了，仍然可以约会，甚至约会只能在卧室里进行也无妨。我们希望你永不停止地去探索你的伴侣、你们的关系、你们的信仰、你们的恐惧、你们的希望和对未来的梦想——这是需要修行终生的功课。

我们希望你们可以永远进行交流，永远互相学习，一起成长。

几十年的研究成果让我们发现,最伟大的关系的基石是互相尊重、共情,以及对对方的深刻理解。一旦停止交流,亲密关系就很难维系。即便是一方好谈一方寡言,也需要进行对话。不管你们是还未立下誓言,还是已经互许终身,甚至已经共度多年岁月,都可以根据本书给出的八次约会的框架,共赴约会,在这些亲密时光中创造你们独一无二的爱情故事。不管你们处在人生的哪个阶段,如养育小孩、经历失业、患上重病,或是激情逐渐退去日趋平淡,都可以尝试这些约会。

因为有一点是可以确定的:永远幸福不代表没有挑战或矛盾。不管你在情感中多么成功,都要知道,没有无矛盾的关系,这就是生活。生活总是伴随着压力甚至危机,但你处理问题的方式最终可以成就你或者毁灭你(我们会在"处理矛盾"一章详细阐述这一点)。永远幸福,只是因为两个人做

本书的目的是帮助读者在今后与伴侣相伴的岁月中始终保持良好的关系,并且越爱越深。

到了互相了解、互相珍惜,并接受伴侣现在和未来的样子。本书的目的是帮助读者在今后与伴侣相伴的岁月中始终保持良好的关系,并且越爱越深。

对话永远都不嫌早，不嫌晚

我们之所以写这本书，是因为鲜少有夫妻或情侣会主动接受亲密关系方面的指导。我们邀请了许多教授亲密关系的专家作为我们的智囊团，并和他们成为朋友。这些专家的研究领域包括科学、心理学、性别学。显而易见的是，大多数夫妻或情侣都没有接受过任何亲密关系方面的培训。等他们不得不接受专业指导时，往往为时已晚。最初，我们设想本书的读者应该是那些刚刚确定关系的情侣，但是通过询问参加我们研究项目的志愿者，我们惊喜地发现，处于任何阶段的夫妻或情侣都愿意进行这八次约会。不管两个人是刚刚确定关系，还是处于同居阶段；不管是刚刚订婚，还是处于新婚阶段，都很喜欢这些约会。此外，那些老夫老妻也对这些约会深感兴趣，因为他们渴望让已经很牢固的感情更上一层楼，或者为日趋平淡的日子注入一些新鲜空气。生活中的各种事情，如工作、孩子、健康等，都会对亲密关系造成影响。所以需要通过这些约会对爱情进行保鲜。这八次约会的核心是深度倾听，以帮助亲密关系回到应有的轨道上。

如果你们刚刚确定关系，不确定对方是不是你们将与之共度一生的人，那么现在可以花一些时间，谈论书中的主题，这些主题能决定你们今后共度的人生基调是幸福还是苦闷。如果通过这些对话，你发现对方并不是你要找的那个人，那么恭喜你，因为这意味着你免去了可能会折磨你一生的痛苦。而如果你发现和他（她）很合拍，那么这些约会能帮助你更好地了解你们之间的差异，避免今后因为一些"永久性问题"或难以改变的差异发生矛盾。如果你们正处于一段稳定的长期关系中，这些对话则能帮助你们增进感情，减少矛盾——或许它们也能帮你们重新认识对方，让你们重新回到刚恋爱时那种一刻也不想与对方分开、对对方充满好奇的状态。

爱情中的互相吸引是一个神秘的话题。最近的一项研究再次表明，很难找出一项指标来准确预测两个人是否会喜欢上对方，或者摩擦出爱情的火花。这项研究是由犹他大学的心理学家萨莎·乔尔开展的，她选择了100个指标来进行实验，包括自尊、目标、价值观、孤独感、渴望伴侣拥有的品质等。但是，在一次短期的约会之后，测试人员无法根据这些指标预测出两个人是否会喜欢上对方。

事实上，这已经不是新发现了。大部分情况下，几乎所有对爱情进行配对的算法都没有什么价值。为什么会这样呢？

生物学家克劳斯·维得坎德在德国主持过一个经典的研究，名为"T恤研究"。在研究中，女性需要闻由不同的男士穿过两天的T恤，并选出她们觉得最好闻的那些。维得坎德发现，女士最喜欢的T恤的主人恰恰是和这些女士基因差异最大的（基因方面主要检测免疫系统的主要组织相容性复合体）。所以，从生理角度来看，我们不想找一个与自己基因相近的另一半，反而会被那些和我们基因差异很大的人吸引。2006年，新墨西哥大学针对48对夫妻开展了一项研究。研究表明，那些和丈夫基因差异较大的女性的性满意度更高，而那些和丈夫基因相近的女性则容易对其他男子产生性幻想，并且更容易出轨。所以，单身人士与其去婚恋网站上尝试各种算法配对，还不如去随便找个陌生人。

既然爱情中相互吸引的原因是个无解的问题，那么是不是面对爱情，我们就别无选择、手足无措了呢？事实上，我们发现，只要观察完两个人的交流方式，我们就能准确预测出这段关系能否进行下去，或者这段关系以后将是幸福的还是不幸的。基于这些发现，我们可以指导你和你的伴侣进行八次对话；而基于你们对话时的感受，我们可以预测这段关系的幸福指数，评估你们的投入程度，并告诉你们需要怎么做才能一直相爱，白头偕老。和之前所开展的实验一样，我们以约会作为开始。两人自愿去参加这些约会，同意让我们录下他们最亲密的谈话，并让我们上传到一个安全的网站。在此，感谢那些同意让我们录制谈话并分享信息的志愿者。为了保护参与者的隐私，对于本书中所有的故事和对话，我们已经修改了主人公的身份细节，并进行了匿名处理。书中的这些对话很勇敢，也触及了这些人内心深处的脆弱。参与者的年龄从21岁到67岁不等。在这些志愿者夫妻或情侣中，25%的人处于确定关系前的约会阶段，11%的人在谈恋爱，但还没有结婚的打算，32%的人已经订婚或正在谈婚论嫁，32%的人已婚；其中有异性恋，也有同性恋。我们收集了这些夫妻、情侣间上百个小时的约会对话录音，并在一次线上研讨会上和很多对夫妻、情侣跟进讨论了这些约会。我们还对约会的质量进行了测试。

我们都想要一段幸福美满、充满浓情蜜意的亲密关系，这样的关系能使个人成长，夫妻甜蜜，家庭幸福。我们希望和伴侣拥有良好的默契，希望不管怎样都确信对方会陪伴我们，和我们风雨同舟。为了让这些美梦成真，你们可以尝试进行书中的对话，时机不早也不晚，当下刚刚好。这些对话可以深化两人的相互了解，并让彼此了解影响这段亲密关系背后的故事和文化。

我们希望指导你们进行对话，但是我们也深知让你们开始这些对话绝非易事。相爱就代表要向对方展现内心的脆弱，而这会让人觉得难堪或不适应。一些人觉得性和私密是让人难以启齿的话题；一些人觉得很难敞开心扉去聊精神和成长；还有一些人觉得谈钱伤感情。除此之外，你们也许还会有一些担忧：聊这些话题会让我们吵起来吗？如果我们无法理解对方的观点怎么办？如果我们很担心我们之间的差异怎么办？有这些疑问都很正常。我们会教你们如何去问和听：问开放式问题，并认真投入地倾听对方的答案。我们会明确地指导你们如何非暴力地进行这些意义深远的对话。

对于刚刚确定关系的两人，我们想强调一点：任何亲密关系里都会有矛盾，但是如果你们现在避开矛盾，以后必定会面临更多的麻烦。在关系初期，除了享受甜蜜愉悦外，还要建立信任，并共同建设未来。由于两个人的人生阅历不同，童年经历不同，家庭背景不同，走到一起后难免会有磕磕绊绊。但如果你们采取开放包容的心态，那么恋爱就会进展得更加顺利，以后你们在一起的生活质量也会更高。对于老夫老妻，我们知道你们面对那些棘手的问题会是什么样子：你们可能会不理解对方，甚至会质疑婚姻本身。但这些都很正常。而通过勇敢地对话，你们会收获一段情深似海、情比金坚的亲密关系。

再次强调一点：两个人必然存在差异。如果你们最终能理解和接受差异，这些差异就能丰富你们的亲密关系。在进行这些对话时，请记住：大部分夫妻、情侣间的不同点多于相同点，而这纯属正常。进行这些约会不是为了找到你的灵魂伴侣、你缺失的另一半，或者你的挚友。我们的伴侣并不一定总是和我们的想法一致，而这就是生活有意思的地方：和一个与你想法完全同步的人结婚无异于和自己结婚，而这和单身又有什么两样呢？

当然，许多夫妻、情侣的核心价值观一致，但是他们总会有不同的地方。他们一开始因为这些差异相互吸引并走到一起，但是碰到麻烦时，却又想把对方改造一番，以和自己保持一致。然而，想要长久幸福地生活在一起，就要学会理解并接受你们的差异。

此外，亲密关系所馈赠给你的（当然会有很多馈赠），就是让你能通过另外一个人的视角看这个世界。因为你们之间是那么亲密无间，所以你可以看得很深刻、很透彻，而你不会再和生命中遇到的任何其他人有这种经历。如果你带着好奇心和伴侣相处，时时刻刻都觉得对方身上有神秘感，那么你的亲密关系和你的人生都会异常丰富多彩。

关于爱情的科学实验

　　大约 45 年前，我和同事罗伯特·勒文森在印第安纳大学创建了一个小型实验室（之后分别在伊利诺斯大学、华盛顿大学、加州大学伯克利分校开展研究，现在这个实验室已经发展为位于西雅图市中心的戈特曼研究所）。在华盛顿大学，实验室看起来像是一个小型公寓中的房间。房间虽小，但梦想很大：我们想在此开展一种创新式的实验，以探索爱情和离婚背后的真相。我们想探究的几个基础性实验问题包括：我们是否可以预测哪些夫妻会以离婚收场？哪些夫妻可以维持婚姻？这些没有以离婚收场的婚姻会是幸福还是不幸？是什么让亲密关系顺利维持？

　　我们研究的一个重大内容就是邀请 130 对新婚夫妇住进这个公寓——后来这个地点被称为"爱情实验室"。在这个实验室里，他们可以进行日常起居的一切活动：吃饭、看电视、聊天、听音乐、阅读、打扫房间等，而我们可以全天候地研究这些行动。一切

> **一切看上去都很正常，但是我们在墙上安装了3个摄像头，以跟踪记录志愿者的每一个动作。**

看上去都很正常，但是我们在墙上安装了3个摄像头，以跟踪记录志愿者的每一个动作，而且给每个人都配备了一个特殊的监视器，以跟踪监测他们的生理数据。

此外，我们还会采集他们每次上完厕所的尿液样本，来检测其中的压力激素。我们研究了每位志愿者的肢体语言，监测了关键指标，并编码了每个面部表情（每秒1/100）。每天清晨，还会抽血检测他们的激素指数，并查看其免疫系统的运作情况。

实验室中另外一项重要工作是请夫妻和我们进行一场两小时的访谈，谈论他们的恋爱和婚姻史。访谈中，我们会问如下问题：什么时候第一次见到对方？对其第一印象如何？之后，我们会让他们回忆约会的场景，回顾关系如何进展，以及他们在恋爱初期喜欢一起做什么事情。我们请他们反思这些年里他们的关系发生的变化，也问及了他们如何度过情感艰难的时期，具体问题如下：

这些年来,你们关系中最艰难的时刻是什么时候?

是什么让你们仍然在一起?

你们是如何度过情感艰难时期的?

你认为应该如何度过情感艰难时期?

然后,我们请他们解释从初遇到现在,关系发生了哪些改变,以及为什么选择和对方在一起:

人海茫茫,是什么让你决定和这个人结婚(在一起)?

对你来说,这是一个轻松还是艰难的选择?

相爱是什么感觉?

我们还询问了婚礼和确定关系的仪式,蜜月是如何度过的,在一起的第一年是怎么过的,印象深刻的幸福时光,对玩乐和幸福时光的看法。我们也探究了这些夫妻对亲密关系的看法,探究方法是让他们对比一下他们身边关系好和关系不好的夫妻、情侣,想想他们之间有什么不同点。

具体问题如下:

和关系好及关系不好的夫妻或情侣比较，你们的关系有什么相同之处？

你们父母的关系和你们的关系有什么相同点？有什么不同点？

然后，我们询问了他们关系的过往——那些重大转折点，以及这期间经历的波折。最后，我们还问了这些志愿者对伴侣主要的担忧、压力、希望、梦想和雄心的了解程度。

你们每天是怎么保持联系的？

你们平常怎么进行情感互动？

此外，在访谈全程，研究人员监测了每个志愿者的音调、用词、肢体动作、积极情绪和消极情绪。最后，我们还让他们互相讨论新近发生的一场矛盾（我们刚刚在摄像头里看到过这些矛盾的爆发）。

这项研究很耗费精力，也很彻底完整、有条不紊。最后的结果非常惊人：我们预测一对夫妻是否会离婚的准确率高达94%（预测精准得可怕，在结果公布后，没有多少人愿意邀请我们这些研究人员共进晚餐了)。对于那些没有离婚的,我们可以预测出哪些人的婚姻会幸福,而哪些人的婚姻会让人痛苦。几十年来,我们一直在跟进研究这些最初参与爱情实验室项目的志愿者,并一直在研究上百位参加其他爱情实验室项目的人员。我们一共跟进、观察、记录了3000段亲密关系,并从中不断学习。

决定婚姻成败的因素

我们花了10年时间来分析爱情实验室项目中采集到的数据,并发现了一系列能决定婚姻成败的因素,其中之一就是:在访谈中,他们的态度是积极的还是消极的。通常来说,他们的态度极其鲜明,很少有让人分不清的灰色地带。他们要么很强调在一起的美好时光,淡化那些不愉快的经历;要么表述时负能量占据上风,强调那些委屈不快的经历,淡化愉快的时光。他们要么强调伴侣身上的优点,淡化缺点;要么一再提及并放大伴侣的缺点,弱化优点。

我们发现那些最容易收获美满婚姻的夫妻在谈论婚姻时,显示出如下特点和品质:

喜爱、热爱、钦佩： 他们会用语言或者动作传达出积极的情绪（温暖、幽默、热爱），强调美好时光，赞美对方。

说"我们"而不是"我"： 他们会强调有能力和对方沟通，强调他们之间很团结一致。他们会使用诸如"我们""我俩""我们的"等词语，而较少使用"我""我自己""我的"等词语。他们把双方看作一个整体。

热情洋溢而非冷漠后退： 他们会用非常生动鲜明的方式描述他们过往的经历，而不是模糊大概地回顾，或者根本就无法记清楚细节。在谈论自己的婚姻时，他们很积极，充满活力，而不是无精打采。他们会很热情，乐于说出私密信息，而不是冷漠并充满防备心。

看到磨合的积极意义： 在长达一生的婚姻中，双方交流价值观，共同追求目标，探寻人生意义，中间免不了有许多需要磨合的地方。这时，应该看到磨合的积极意义。一起经历了风风雨雨后，双方会为一起走出困境而感到骄傲自豪，而不是反复回顾困境中的无助窘迫；会更加坚信能厮守终生，而不是质疑对方是不是合适的伴侣；会对婚姻感到骄傲喜悦，而不是觉得羞愧难当。即便是在艰难跋涉期，双方也会有意创造一种共同的意义和目的感。有的夫妻或情侣为了加强情感上的联系，一起创造出了适用于两人的活动——我们把这些称为"仪式联结"。而约会便是亲密关系中仪式感的体现。

如果夫妻在采访伊始就流露出对对方的负面情绪，不管是语言、表情，还是肢体动作（冷嘲热讽、挖苦讽刺、翻白眼），都表明关系开始走向负面。这时我们就可以很明确地预测出这段婚姻会越来越僵化。在访谈中，如果两人明确表达出对婚姻的不满，感到这段婚姻和自己想象的相去甚远，对婚姻不再抱有希望，甚至感到绝望、无助、痛苦，那么他们可能很快就要走向离婚。在此有必要重申：在所有婚姻中，负面事件、令人懊悔的事情都是不可避免的。但是能否柳暗花明完全取决于两人的态度。要看两人是否能积极看待这些负面事件及伴侣的性格，并能够在日常生活中最大化地在意识层面趋利避害（即多想想伴侣的可爱之处和这段关系中光明的一面）。

总而言之，对亲密关系的负面解读会很快吞噬一段婚姻或恋爱关系。每一段亲密关系的基石都是亲密无间、坚若磐石的友谊。两人要足够了解对方，要处于同一个阵营、同一个团队。所以，本书中的伴侣对话很重要。对话时的措辞、语调都非常重要，甚至你们的表情也能决定亲密关系的走向。

当然，人无完人，所有人都难免有犯错的时候。有时我们的沟通方式不当，这时就需要付出努力来修复关系。期待在亲密关系中随时沟通顺畅，就好比幻想打高尔夫球时总能一杆进洞。幸福的关系不是没有摩擦的关系。幸福的关系中，仍然会有令人懊悔的事情发生。

但是只要两个人能够付出努力去修复关系，就能逆转局面。而且在此过程中，两个人可以慢慢建立起日常的联结。和在婚姻中感到痛苦的夫妻相比，在婚姻中感到幸福的夫妻并没有太多不同之处。他们只是能用更加便捷有效的方式来修复关系，从而很快地再次共享快乐。

> 所有人都难免有犯错的时候。有时我们的沟通方式不当，这时就需要付出努力来修复关系。

最后，亲密关系的成败很大程度上取决于伴侣间的交流。我们召集了300对夫妻或情侣参与本书中的约会计划。我们指导他们做练习，为他们的对话录音，引导他们共享经历。不管这些志愿者是什么身份，处于关系的什么阶段，他们都通过这些对话收获了更加紧密的关系，并做到了以更加新鲜的视角看待对方。他们的友谊进一步加深，也有了从头再爱一次的体验。

这样的收获，你也值得拥有。

为什么要挽救你的亲密关系

和其他任何因素相比较，亲密关系的质量对我们的身体状况、疾病抵抗能力及生命长度的影响更大。与此同时，满足亲密关系的需求也对双方各个维度的心理健康大有裨益。幸福的婚姻或长期的关系可以在极大程度上缓解抑郁、焦虑、反社会行为，并降低自杀率。此外，许多研究都表明，长期不幸福的婚姻会影响孩子的认知能力和情商，而幸福的婚姻则对孩子大有裨益：促进学业，增进同伴关系，提升情商。很显然，亲密关系的质量对你自己、你的孩子，以及你身边的人都有深远影响。

几十年来，约翰和朱莉一直都在从事婚姻科研和临床研究，并开展婚恋关系治疗。根据他们随机进行的临床实验，婚姻互动模式和婚姻的最终结果密切相关：婚姻互动模式不仅影响结果，甚至能直接导致结果。如今，他们仍然在继续这项研究。另外，医师瑞秋在为夫妻、情侣提供咨询的过程中，能够直接地看到亲密关系对人造成的显著影响。另一位研究人员道格通过许多书籍得以和一些富有远见的作者合作，他也通过书籍和朱莉合作研究过"性"这个课题。我们 4 个人是志同道合的同事和朋友，都致力于创造维持一生的爱，并希望让自己和他人都能体验到这种终生的爱恋。

许多夫妻战战兢兢、如履薄冰地和对方相处 30 年甚至 40 年，因此，维持一段关系本身就已经是很大的成就了。但是，我们需要扪心自问：随着时光飞逝，如何给你们的关系保鲜，让它持续成为你们生命中快乐、成长和爱的源泉？为回答这个一生之问，我们投入了半个世纪所积累的人生经验和专业知识。同时，我们坦诚地提供了经过辛苦研究才发现的人生智慧：伴侣需要进行对话，才能创造维持一生的爱恋。

拥有一段稳定的亲密关系至关重要。我们都渴望爱和被爱，都希望在关系中得到成长。这就要求我们探索一些走出舒适区的方式。如果你能够坦诚地面对自己，宽容地面对伴侣，你们就能加深关系，增进了解，从而创造更加幸福的生活。

完美爱情的秘诀：约会之夜

众所周知，幸福存在于生活的每一个小确幸中：经常赞美对方，表达对他（她）的爱意，在一天将逝的时候聊聊天，见面和分别时都献上一个吻……这些看似微不足道的细节决定了关系的质量和长度。这些平凡暖人的瞬间就是幸福稳定关系的基石，张开怀抱去拥抱这些时刻吧！但是，我们也希望你们能够每周留出一些时间共赴约会之夜，当然也可以把约会安排在下午或早上。

本书一共有8个不同主题的约会，每个章节探讨一个主题。我们会详细指导你们该如何进行约会，以增进感情。但是这需要你们的全力配合：你们要每周设立一个约会日，并高度重视这个日子。此外，这是一个一辈子的工程，你们需要把约会永久性地融入你们的爱情故事中，永远地嵌进你们建立联结的努力中。

有许多夫妻总是特别忙碌，尤其是有了孩子以后，更是忙得不可开交，总是一边处理工作事务，一边管教孩子，有无数的待办事项。这个时候，约会似乎就得靠边站，成为忙碌生活中的一个调味剂，不再是必需品。但是，约会绝不应该只是你俩心血来潮时安排的一个活动，在你们把工作、理财、家务事都安排妥当了才想起它。约会应该是难以取缔、雷打不动的第一要紧之事。在许多亲密关系中，共同的娱乐活动总是屈居于两人待办事项中的末位，而这正是两人互相心生不满并渐行渐远的罪魁祸首。要明白一个简单而朴实的真理：约会缔造长久的关系。

感情中的重要约定

31年前，在瑞秋和道格刚刚开始约会时，他们每周都安排约会之夜。第一次约会是在大学的一个考试周期间。那次约会后他们就明白，要找到一种把对方放在首要位置的方式，因为他们知道这段关系将改变自己的人生。道格说："我们很快就达成了一个协议，每天午夜都会进行约会，即便这意味着暂时搁置学业和工作。在那周,我需要完成一篇20页的论文,而瑞秋需要准备特别重要的医学预科的期末考试。但是为了约会,我们每晚12点之前都会把当天的工作干完。我总是面带微笑,以惊人的速度高质量地完成任务。"

"当我们决定把恋爱放在第一位,并和对方做出这种承诺时,以前一切耗费我们时间的事情都开始让路,我们的关系之窗也随之开启。后来,瑞秋开始去医院实习,每周工作110个小时,我们仍然约会;我们有了一对双胞胎宝宝后,我们仍然约会;有段时间我同时干两份工作,来回路上要耗去5个小时,我们仍然约会。可以说,如果我们不挤出时间维持约会之夜的传统,很难能走到今天。"

瑞秋也深表赞同。"没有约会之夜,我们可能已经分开了。我和道格很早就想结婚了,而我们知道约会之夜是让我们步入婚姻的关键。现在,我们仍然坚定地执行着大学时期的约定。我们很重视这段关系。有时候我们无法晚上约会,就把约会安排到白天,但是无论如何,重点在于我们留出一段二人世界的时间。在这段时间,我们的眼睛里只有彼此。执行约会计划确实很不容易,但是我们总是能想办法解决难题。约会之夜多次挽救我们的关系于水火之中。"

进行本书中的约会时，你们需要事先计划好时间，放下工作，放下家务，只关注对方，互相好好倾听，好好诉说。一个有价值的约会不是两人如往常一般并排坐在沙发上看电视，或者一起去看电影，或者和朋友跳一晚上的舞。约会的价值在于创造出专属于两人的时间，并高度珍视这段时间。把电子设备放在家里，或把手机关机，在约会结束后再查看信息。规划约会，并带着激动的心情期待约会。你们可以一起去看电影，或是见朋友，但是约会之夜的主旋律应是你们在一起重新建立联结，你们重新坠入爱河，你们意识到你们关系的含义远远大于在同一个屋檐下生活，大于共同生儿育女。你们是对方最重要的朋友，是对方最亲密的人。

专属两人的内心交流

约翰和朱莉白天在一起工作，常常有很多对话、辩论，并密切协作。因此，他们约会的一大难点是如何在约会时不谈及工作。"如果你们一起共事，就很难界定什么是约会。我们总是很容易不经意间就提起工作。"朱莉说，"我们一起写文章，一起设计工作室，一起讨论夫妻干预疗法。我们很坦率地交流意见,但是我们需要有意识地把私人空间和工作区分开来。"

约翰和朱莉最喜欢去当地一家咖啡厅进行约会。他们每次点的食物都一样。服务生不仅知道他们叫什么名字,还知道他经常点烤蛋、法式面包,还有果酱——比他们在家做的果酱的量要多出一倍。朱莉很喜欢法式面包配果酱。他们已经约定好不要在这种熟悉的约会场景中谈论工作。约翰说:"这是我们的私人时间,我们要互相问一些开放式问题,要暂时告别工作。我们在桌子旁手拉手、面对面地坐着,互相调情并开怀大笑。"他们在咖啡店约会的重点在于留出了专门的时间互相倾诉心中的想法。

"我们在咖啡厅进行完约会后才开始工作上的辩论。不管你们是否在同一家单位工作,都需要练习在约会时放下工作,全神贯注于亲密关系。但是一切努力都是值得的,"朱莉说,"这让一切截然不同"。

约会之夜的拦路虎

一些读者也许会想,每周约会?这大概是一个乌托邦世界中才可行的奇妙想法。现实生活中，谁有这个时间？谁花得起这个钱？孩子怎么办？虽然会遇到种种问题，但是约会之夜是切实可行的。有时候约会仅仅意味着两人以比较有新意的方式共度一段时光。

时间："一想到要抽出时间来履行人生中的又一重大义务，生活就显得极其忙碌。"但是约会之夜不仅仅是义务，它意味着为推动关系做出的努力，意味着对燃起爱情完美希望投入的精力。因此，有必要规划出一个每周固定的时间段，并高度重视这个"预约"。除非一人在急救室，否则，无论如何都要有约会之夜。除约会时间外，留出其他专门的时间用于过生日、去教堂、庆祝周年日或者其他值得一起庆祝的事情。约会之夜应该是纪念你们关系的特殊时刻。请认识到这个活动的价值，在日历中给它留出尽可能充足的时间。但是即便约会只有一小时，也要精心打扮，按时赴约。

金钱："约会不需要花钱啊？"实际上，你们可以一分钱都不花。你们可以去野餐，去散步，或是静静地坐在公园……有许多根本不用花钱的约会方式。在本书讲述的八次约会中，我们会根据约会的主题给出建议的约会地点，但是仅供参考。约翰和朱莉还曾经打扮光鲜地去雅致的西雅图索伦托酒店约会过——很便宜的！他们假装是酒店的住客，在美轮美奂的大厅里坐着，一晚上只点一杯饮品。他们会在那儿坐上几个小时，互相问答开放式问题。

孩子："如果出去约会，孩子谁来照顾？"出去约会确实要面对照顾孩子这件让人头疼的事情。但是，照顾孩子不是一件费钱费力的事。有时候，约翰和朱莉、道格和瑞秋都会和其他有约会习惯的夫妻合作，轮流带孩子，这样就可以共赢，每对夫妻都可以孩子、约会两不误。你们也可以在小区找一找收费不高的临时保姆，或者干脆让朋友推荐。道格和瑞秋在孩子小的时候，经常会雇用临时保姆。保姆承诺可以在好几个周六晚上帮他们带孩子，这样他们就不用在要出门的最后一刻为找保姆而急得团团转。一些父母可能会担心孩子和陌生人相处的问题，但是如果找到了安全靠谱的人，对孩子也有好处。这能让孩子了解到，在父母之外，还有其他值得他们信赖的人。孩子的适应力比我们想象的要强。另外，通过向孩子展示你们为夫妻关系投入的努力，他们会知道父母的关系幸福稳固，并得到这种爱的滋养。请记住：孩子会不停地模仿父母，父母应让孩子看到你们是如何维持一段充满爱意的婚姻的。要知道哪些是你们生命中最重要的事项，只要充满诚意，总能有办法解决问题，有志者事竟成。

另外，在某些主题章节中，我们还给出了在家约会的备选，并列出了可以在家开展的活动。

完美爱情的原则

不管是阅读这本书，还是实际进行这八次约会，最重要的都是"四一"原则：一个开放的大脑，一双认真倾听的耳朵，一个真诚的愿望，一颗想要建立联系的好奇心。这个原则同样可以帮助你们有效地进行约会的前期准备。

约会前请阅读本次主题：在约会前单独或一起阅读每个章节。每个章节开头都解释了该主题对亲密关系的重要性，以及你们需要知道的信息，从而让这一主题成为你们长久关系中愉快的一部分。每一章里，我们都有名为"本章精华"的总结，建议约会前重新读一遍。其实，每一章"本章精华"中的每一个部分都是必读的。但是如果你们实在赶时间，请至少读一下总结部分。在"前期准备"部分，我们会指导你们如何让约会充满乐趣并变得浓情蜜意。最后一部分是"约会进行时"。这里，我们列出了一些开放式问题，并提供了你们可以在约会时尝试的活动。另外，每一章的最后都有一段向对方宣读的话语，向对方明确宣告，你们在这个主题上已达成共识，敦促你们携手共度余生。

约会时请互相提问开放式问题： 进行当次主题的约会时，根据相应章节提供的开放式问题进行互问互答。这些问题是你们对话的向导和指南针。你们可以约会时各自手持一本书，互相分享感受，尤其是讨论做小活动时想和对方进一步探讨的问题，还可以分享阅读这本书带来的惊喜、激起的共鸣。你们可以在我们的网站"8datesbook.com"下载小活动部分及开放式问题。在进行约会时，你们将会探讨对你们而言最重要的问题，通过问答，你们可以真正地和伴侣建立联结。所以，请全神贯注地关注这些主题，好好练习，互相提问开放式问题。

约会前请保持良好状态： 在约会之夜，请控制饮酒量。你也许认为酒精能解放人压抑的一面（确实有这个功效），但是酒精也会让人变得更有攻击性（约会之大忌）。许多夫妻、情侣因为贪杯而争吵。如果你们想要配合良好，真正地参与到即将进行的亲密对话中，就请控制好自己的饮酒量。如果你们想要在餐厅进行大部分约会，请选择合适的用餐环境，因为你们不仅要能敞开说话，还要能听清对方的声音。如果你们觉得在晚上吃吃喝喝会影响你们聚精会神地对话，可以另选双方都合适的时间段。如果你们都爱早睡早起，不妨在早上约会。如果工作日程允许，可以从工作时间中抽出一个小时左右进行约会。

约会时请保持幽默感：如果你想要一段完美的爱情，如果你对亲密关系忧心忡忡，那么进行本书中的对话就再合适不过了。确实，亲密关系是个很严肃、很正经的话题，但是我们不希望你们的对话丧失乐趣。即便很难，也要努力去发现言语中的幽默感和令人快乐的地方。不要忘记你当初是为什么和他（她）在一起的，而且最重要的，不要忘记开怀地笑。

亲密对话的四大技巧

我们希望你们可以进行这些约会,这代表着你们愿意为对方留出时间和空间,以进行富有意义和亲密无间的对话。倾听需要艺术,想要进行亲密且有意义的对话需要一系列的技巧,我们将在下面讲述这些技巧。对一些人而言,进行这类对话很容易,但运用下面的这些技巧能帮助你们更好地表达自己的想法,并引导伴侣说出心声。你们在对话的任何阶段,如开始、中间及高潮部分,都可以使用这些技巧。但是,不必在每次对话中都用到这些技巧和建议,虽然只要努力就可以做到。

技巧 1 如何在交谈中加入自己的感受？

尝试说：我感觉……

☐ 被接纳	☐ 不被接纳	☐ 充满爱意
☐ 被理解	☐ 和你很亲近	☐ 紧张
☐ 被拒绝	☐ 和你很疏远	☐ 被背叛
☐ 被误解	☐ 恐慌	☐ 似乎你并不喜欢我
☐ 被欣赏	☐ 困惑	☐ 不被欣赏
☐ 被忽视	☐ 易怒	☐ 被遗弃
☐ 舒服	☐ 被疏远	☐ 互相联结
☐ 不舒服	☐ 愤怒	☐ 焦虑
☐ 压抑	☐ 怒火中烧	☐ 形单影只
☐ 欣赏你	☐ 浪漫	☐ 孤独
☐ 没有吸引力	☐ 不安	☐ 很失败
☐ 懊悔	☐ 惊恐	☐ 羞愧
☐ 恶心	☐ 怨恨	☐ 义愤填膺
☐ 开心	☐ 被轻视	☐ 忧虑
☐ 快乐	☐ 被侮辱	☐ 羞涩
☐ 心烦	☐ 疲惫	

然后，谈一谈你为什么会有这些感觉。你可以描述一下是什么事件导致了这些感觉，也许是童年的经历，也许来自于你曾经的一次观察……你可以谈论任何和这一感觉有关联的事件，或者分享你觉得是什么造成了这种感觉。

技巧2　如何聊得更深入？

尝试提出诸如下列的问题：

- 你感觉怎么样？
- 还有其他感觉吗？
- 你需要什么？
- 你盼望什么？
- 这些为什么会发生？
- 你想诉说什么？向谁诉说？
- 有哪些感觉是你一想到就害怕甚至想都不敢去想的？
- 你是否有很复杂的感觉？
- 你是否有自相矛盾的一面？
- 这让你想起了哪些过往的经历？
- 你觉得自己要承担起哪些义务或者责任？

- 你需要做出哪些选择？
- 以你的价值观，你怎么看待这件事？
- 想一想你崇拜的人，此情此景他（她）将如何处置？
- 对你而言，这些感觉和需求有任何精神、伦理道德或是宗教上的含义吗？
- 你不赞同谁？不赞同对方的哪些行为？
- 这件事会以何种方式影响你对自我的认知和对自我的看法？
- 你是怎样做出改变的？你现在是怎么改变的？这些改变是怎样影响到这一情景的？
- 你主要的反应是什么？有什么要抱怨的？
- 你期待现在或将来，事情以怎样的方式得到解决？
- 假如你的人生只剩下6个月，你觉得什么是对你最重要的？
- 你的目标是什么？
- 这种情景下你应该担负怎样的责任？

技巧3　如何帮助另一半敞开心扉、滔滔不绝？

尝试使用如下的引导性陈述：
- 告诉我和这个情景相关的故事吧。
- 我想要知道你所有的感觉。
- 请对我说，我在倾听。
- 此时此刻我最重要的事情就是倾听你说话。
- 我们的谈话时间很充足，你可以尽情向我诉说。
- 请告诉我你最在乎的点是什么。
- 告诉我你现在需要什么。
- 告诉我你想要做出哪些选择。
- 现在不知道下一步怎么做也无妨，但你觉得事情之后会怎么发展？
- 你的思路特别清晰，请继续。
- 此刻我能更好地理解你的感受了。
- 请继续说吧。
- 我认为你已经想到一些解决方法了，请和我分享一下吧。
- 请从你的立场帮我更好地理解这件事情：对你来说最重要的那些点是什么？

- 请告诉我你最主要的担心是什么。
- 请和我更详细地谈论一下你是怎么看待这件事情的。
- 请谈一谈你将要做出的决定。

技巧 4　如何表达包容、共情、理解?

请尝试一下这些共情表达:

- 你讲得很有道理。
- 我能理解你的感受。
- 你一定觉得很无望。
- 在你倾诉的时候我能感觉到你的绝望。
- 你的处境很艰难。
- 我能感受到你的痛苦。
- 我站在你这边。
- 天啊,太可怕了。
- 你一定觉得很受伤。
- 我支持你的立场。
- 我完全赞同你的看法。
- 你觉得深陷其中无法自拔。

- 听起来你真的觉得很厌恶。
- 你承受了好多痛苦,我能感觉得到。
- 这一定让你很不安。
- 这听起来很令人沮丧。
- 我要是你也会觉得很失望。
- 我也会觉得受到了伤害。
- 这也会让我感到很伤心。
- 这肯定很痛苦吧。
- 这一定很让人沮丧吧。
- 怪不得你那么生气。
- 嗯,我觉得我明白了。所以你感到……
- 让我试着去解释和总结你所说的。
- 这会让我觉得没有安全感。
- 这听起来很吓人。

倾听的艺术

本书 8 个约会主题中的问题都是主题明确的开放式问题，但是这些问题只是使爱情公式能成功的一半要素，另外一半就是同等重要的倾听。这里说的倾听，是一种全新形式的倾听。在倾听时请用心，不要加以评判，进行辩护，或者试图去反驳——这些都不是倾听的恰当形式。倾听是一种行动，你需要投入其中。如果你沉浸于自我的世界，是很难好好倾听的。如果你自我封闭，你听到的声音就是自己的，而不是你所爱的那个人的。

全神贯注： 收起你的智能手机、平板电脑或者其他杂七杂八的玩意儿。把它们关机或者至少静音，展现出你对伴侣话语的真正兴趣和好奇心。身体前倾，进行眼神交流但不要打断对方。

"听"在当下：对话是两个人的事，所以倾听不仅仅要求你停止内心的独白，还要求你在倾听时，不假想你知道伴侣下面会说什么，当他（她）在诉说时，不要去想你下一步要怎么回应，或者在头脑中准备反驳词。你需要做的只有倾听。

善于提问：如果有什么不明白的，可以提出来，并好好倾听答复。请记住，要想打开对方的心扉，就需要进行开放式的提问。要想更好地理解，可以使用引导式的句子，比如，可以和我详细谈谈那一点吗？这背后有什么故事或是回忆吗？但是问的时候请注意，不要把它搞成审问，这只是一场对话。

全力了解：作为一个倾听者，你的职责是充分了解伴侣的感受，所以千万不要认为对方的情绪微不足道，从而排斥或努力去纠正对方的这些感受。你不需要去安慰或打气，你唯一的目标就是去倾听，并尽力去理解。

"见证"感受：倾听的很大一部分目的是见证对方的感受，所以在听的时候不能让你的伴侣感到他（她）还是形单影只的一个人。展示自己是"目击者"的一种有效方式是用自己的语言重述对方的话语，这能让对方知道你确实是在认真倾听。比如，如果你的伴侣刚刚描述了和一位朋友的问题，你可以说："听起来他（她）让你很不安，他（她）对你很苛刻而且还给你贴标签,我非常能理解你此刻的感受。"你不需要去学习治疗师的语气,你只需要让对方知道你在认真倾听。虽然我们常常觉得我们的伴侣应该知道我们在想什么,但其实,他们并不知道,所以,请用行动告诉他(她),你确实认真倾听了。

避免评判: 除非伴侣问你,否则不要给出评价或建议。在每一场和伴侣的对话中,我们都要尽量传达出对他(她)的尊重、理解,并进行共情。同时,交流时,向对方一定程度地袒露内心的脆弱,这样对方就能放松地畅所欲言,淋漓尽致地倾诉内心最深处的感受,包括对伴侣的恐惧感。进行对话的目的不是极力去证明你是对的,你的伴侣是错的;目的是理解你们之间的相同点与不同点,并去理解他(她)看待世界的方式。

扩大接受: 在这些对话中,你们会进一步加深对彼此的了解,但这不可避免地要求你们袒露内心深处的脆弱。努力去了解什么会让对方受伤,努力去接受对方现在的样子,珍惜你现在所拥有的,对对方心怀感恩。

对我们而言,这样的倾听并不总是轻而易举的。但是没有倾听,亲密无间的对话就如无源之水、无根之木。在互相倾听时,下面的一些问题能为你们的约会及关系指明方向。这些问题能让伴侣心情放松，也能让你加深对他（她）的理解。希望你们能加以练习，最终养成提问的习惯。

- 你有什么感受？
- 你有什么需求？
- 你有哪些选择？
- 我可以怎么帮你？
- 这个事件中最坏的状况会是什么？
- 你觉得这个事件最理想化的状态会是什么？

如果你发现你们无法理解彼此，甚至可能要发生冲突，请深呼吸（可以试试深呼吸时从 1 数到 10，这能很有效地平复情绪），或是去洗手间休息一下。书中这些约会的目的不是处理分歧或"解决"你们的矛盾，而是让你们互相理解并建立更亲密的联结。每个约会章节中，我们都设计了如何预防摩擦板块，里面列出了一些必做事项和禁忌事项，以避免你们在约会时有口角之争。如果你觉得你们之间的矛盾已经到了白热化阶段（而且在朝着更坏的方向发展），可以参照第 101 页的"如何正确地吵架"，或者通过戈特曼研究所的网址"8datesbook.

com",查询更多关于解决冲突并修复关系的资料。

亲密关系的经营事关重大,而通过一起进行这 8 次对话,你们的友谊会更加深厚,爱情会更加坚韧,这样,你们就可以在更坚实的基础上开启人生之旅。爱尔兰有句谚语:"开始行动即是成功的一半。"所以,行动起来吧,让你们的爱情天长地久。

》本章精华《

请仔细阅读开篇的这一章节,这能为你们将来要进行的八次约会奠定基础。但是,如果你马上就要开启和伴侣的第一次约会,需要快速翻阅这本书时,请至少阅读一下本章"如何准备浪漫的约会之夜"中的"完美爱情的原则"和"倾听的艺术"。

CHAPTER 2

如何避免"婚内孤独"

在第一次约会中,通过谈论信任对双方的含义,两颗心可以靠得更近,你们也会离理想中的爱情更进一步。

本和利亚在亚利桑那大学校园相识、相知。本在每次赶往天文学课堂的路上,都能看到利亚坐在教学楼前的台阶上等待上课。每次路过时,他总是情不自禁地看她一眼。

"她总是埋头于书本,从来没看过我一眼。如果她肯看我一眼,我肯定会上前打招呼的,但是她总是一动不动地看书。5周过去了,但我对她的了解只限于看到她的头顶,看到她的鞋子,仅此而已。我甚至不知道她长什么样,眼睛是什么颜色……但她还是深深吸引了我。她读书时专注的样子激起了我的好奇心。她成了我每周生活固定的一部分,但是她甚至不知道我的存在。有一次下楼梯时,我故意碰了一下她,就那么轻轻一撞。但是在我道歉时,她连头都没抬,只是淡淡地回了句'没关系'。"

"我开始满脑子都是她了。不只是遇到她的时候,而是每天。她是谁?她叫什么?她在读什么书?"有一天,本实在不想再这样下去了。一次课间,他坐到了她身旁的台阶上。

"他坐得离我很近,真是太近了,我们的肩膀几乎要碰到了。"利亚说,"我在修哲学课,读的是萨特的书,内容很深奥。哲学不是很好学,我正在冥思苦想。一开始他这样做让我觉得很心烦,但当我抬起头看到他灿烂明媚的笑脸时,我觉得是那么熟悉,好像他是我很久没联系的老朋友。"

本至今还清晰地记得利亚脸上的表情。"看到她的脸庞、她棕色的眼睛,我开心极了。我全然忘记了我和她并不相识。我一定在哪儿见过她,但她看起来似乎有点心烦。"

本终于开口介绍了自己,并询问利亚在读什么书。"好不容易制造了一次机会,我可得好好把握。我不停地向她问问题,不给她终止对话的机会。幸运的是,她没有拒绝我,所以我们持续对话了20分钟,直到她不得不去上课。"

"之后,这个学期的每次课间,我们都会聊20分钟。"利亚说,"我们只是聊天,聊东聊西。他从来没有约我出去过,从来没有问过我的电话号码,他只是坐在台阶上,问我的日常生活。现在想想很奇怪,但是那个时候觉得很自然。最后,是我约了他出去。我觉得我一定惊到他了。"

"她完全惊到我了。我当然愉快地答应了。在我们第一次出去约会前,在我们第一次接吻前,在我们没有任何身体接触前,我就已经爱上她了。"

"他很靠谱。他总是会按时出现在那儿,面带微笑地询问我的生活。一天,他注意到天气变冷,给了我一件他的运动衫,在走之前也没有和我要。真的很难解释,但就是这些微不足道的小事让我慢慢地喜欢上他。他就这样神不知鬼不觉地让我对他产生了安全感。到现在也是。我们在一起已经将近5年了,现在计划结婚。我觉得自己此生没有像信任他一样信任过其他人。这一切都来自于台阶上的对话。他总是会为我而出现,现在也是。每当我需要什么的时候,甚至当我还不清楚需要什么的时候,他总是会陪伴在我身边。他是我最好的朋友,也是我此生的挚爱。"

> 他们才发现各自和"信任与忠诚"相关的经历截然不同。

当本和利亚尝试"信任与忠诚"主题约会时,他们才发现各自和"信任与忠诚"相关的经历截然不同。

利亚说,对她而言,信任是有安全感,是本会关注她。

"我来自离异家庭,我母亲是个情绪很不稳定的人。她不怎么关注我,极少和我进行互动。她总是很疲惫。她甚至都没想过要关心我。当得知我没能加入啦啦队,我的心情低落到了极点,但是她一点也不关心我。这听起来微不足道,却很伤人。我父亲在我的生活中也同样缺席。因此,书成为我唯一的慰藉。我简直是读书上瘾。我觉得对我而言，信任代表全程关注对方，还有对方是否能把语言转化成行动。"

  本的父母虽然没有离婚，但是他们对婚姻的忠诚仅限于不能离婚的信仰。"我们一家子都生活在同一个屋檐下，但是我父母极少有二人世界。他们不是围着孩子转，就是去教堂，或者处理工作上的事情。我还记得他们出去时，几乎不和对方说话，我那时就觉得以后不能像他们这样。他们只是在身体上忠诚于对方，"本继续说道，"但是我不知道从真正意义上来说，他们对彼此到底有多忠诚。我见过我父亲和其他女子举止亲昵，这一点让我觉得怪怪的。"

  本觉得这个信任约会对他特别有启发。"我从来没听她说过啦啦队落选的事情，现在我明白了一些事情。我明白了我的陪伴和言出必行对她来说有多么重要了。有时我不能按照计划和她一起去野餐，现在我理解她那时的反应了。"

  "我反应得有点过头了，"利亚笑着说，"但是这次对话后，我们都认识到了信任并不只是不出轨，不出轨只是要求的底线。信任是做出承诺，并履行承诺。不管是大事还是小事，都要这么去做。"

  "她到现在都没把那件运动衫还给我。"

忠诚就是全情投入

在一段亲密关系中，我们每天都需要投入，上百次、上千次地投入。即便是疲惫不堪，压力极大，也会想起伴侣的笑脸；即便是看到了帅哥、美女，也能记得伴侣的可爱之处；即便是在看电视、玩手机，或者忙其他事情时，也可以停止手头上在做的一切，抬头看一眼伴侣，认识到他（她）对我们有多么重要。很多时候，只需要给对方一个微笑，或者进行一场谈话。但是，无论如何，我们都要真真切切地向伴侣传达出对他（她）的重视。我们把亲密关系放在至关重要的位置上，这要通过朝夕相处间平凡的举动展示出来。朝夕相处的温暖能建立彼此之间的信任，培养忠诚，比结婚誓言还有力量。我们通过实验发现，日常生活中的小确幸才是最重要的，这些细水长流的瞬间能编织出亲密关系的信任和安全感。

那么，真正意义上的忠诚是什么？简而言之，就是我们拒绝和伴侣之外的其他人在一起的可能性。我们要在身体和情感上都忠诚于伴侣，并和他人保持界限，恰当处理亲密关系之外的私人关系。已故的雪莉·格拉斯博士是研究夫妻忠诚方面世界最顶尖的专家，她著有一本名为《不仅仅是朋友》的书。在这本著作中,她非常专业地做出了"墙"和"窗"的比喻。

在你结婚或确立恋爱关系后,两个人就在周围建造起了一道墙,而在两人之间有一扇互相敞开的窗子。你们四周的墙阻隔了你们和其他任何人之间最亲密的情感和身体联系。格拉斯在研究中发现,当人们(特别是那些对亲密关系不满的人)开始向其他人敞开心扉、抱怨亲密关系中的经历时,他们就开始把这扇本该由伴侣间共享的窗子向另外一个人敞开。如果秘密发展这种蓝颜知己或红颜知己,他们就开始在自己和伴侣间筑起一道高墙。如果你想和伴侣保有长期持续的信任与忠诚,你们之间是不可以有墙的。有了这道墙,再向一个密友(不管是同性还是异性朋友)敞开窗,这扇窗就会很快变成一扇向他(她)敞开的门,这时候就很容易出轨。不是不可以有这样的朋友,但是一定要有明确的界限。如果你背着恋人去发展这种"地下友情",你们的关系很可能就要亮起红灯。然后,你们之间会筑起一道墙,阻挡你们实现对彼此的诺言。

毫无疑问,和伴侣互许的诺言切断了你们的一些"福利"。这意味着日后弱水三千你只能取一瓢饮,这意味着把所有鸡蛋放在同一个篮子里。如果关系失败了,双方都会手足无措。在恋爱和婚姻关系中,没有绝对成功的保证,如果进展不顺利,我们不能向其他任何人抱怨。我们需要直接和伴侣沟通，找到解决问题的办法。另外，许下诺言就意味着我们已经把所有的一切都给了那个人，不会再有空间去爱上其他人。互许承诺是个有风险的决定，但这是必不可少的。若无深情至此，何来长久的爱恋？

> 在一段全情投入的关系中，一方有难时，双方的世界都会停止运转，以全力理解伴侣，减轻他（她）的伤痛。

全情投入意味着完全接纳你伴侣现在的样子，不管他（她）有什么样的缺点。这代表从不赌气离开，即便有时你很想结束这段关系。这也代表对另一半的痛苦感同身受并关怀备至，甚至大过关心自己的痛苦。约翰曾经这样贴切地描述："如果我的妻子很痛苦，我的世界也会停止运转，以使自己全身心地去倾听她。"在一段全情投入的关系中，一方有难时，双方的世界都会停止运转，以全力理解伴侣，减轻他（她）的伤痛。这也是我们结婚和恋爱的部分原因。我们需要对方，也需要被对方所需要。真正的投入是一次次用行动来选择对方，因为推动关系长久的动力正是你们所做出的决定。

信任就是完全接受对方

很多年前,约翰为一对夫妻提供了为期几周的咨询。一天晚上,他们到达约定地点后却突然坚决地说,他们"决定放弃"。约翰是他们咨询的第6位情感治疗师了,他们觉得疗法不管用,因此决定停止向约翰咨询,并觉得他们两个或许也该分开了。约翰对他们的决定感到特别吃惊和遗憾,他本来还觉得这段关系已经开始好转了。

"可以帮我一个忙吗?"约翰问道,"既然你们已经支付了这期服务的费用,你们能否继续留下来,帮我搞明白为什么我的疗法对你们不奏效?作为一个情感治疗师,我曾经立誓,要从失败案例中学习,以提升自己。"

他们答应了。于是约翰问他们上周是怎么度过的。

"我们狠狠地吵了一架……"妻子开始诉说,但是丈夫很快打断她,继续说发生了什么。

"我们去参加了一场聚会,我和一位女士聊得正欢呢,我妻子却突然拍了一下我的肩膀,她总是这样。她说她很累,想回家休息。"

约翰点点头。在咨询过程中,这对夫妻曾多次针锋相对地争辩，但是仍然难以达成一致意见。丈夫是一位成功的商人，妻子曾经是一位情感治疗师，后来选择辞职在家照顾孩子。他们争论的焦点总是时间、金钱，以及家庭决策权。约翰请他们进一步描述聚会上到底发生了什么，以致他们最终想停止治疗。

"好吧，"丈夫说道，"她很疲惫，想要我开车送她回家。我告诉她，正和我对话的那位女性很有魅力，而且我很喜欢和她聊天。"然后，他回忆起那天他对妻子说，他们之间从来没有进行过如此愉快的谈话，所以他才会被那位女士所吸引。这位女士会跟他调情，他的妻子却很久没这么做了。他描述的时候，约翰没有打断他。

约翰继续问妻子："你是怎么回应的？"

"我很愤怒，告诉他要成熟一点，而且不要再和那个女人调情了。"

"你当时是怎么想的？"

妻子思考了一会儿，说："我在想，要是我能和一个更加成熟的男人在一起该多好，这样我会表现得更好。"

此时，约翰恍然大悟，他明白了为什么他的疗法没有奏效，也明白了为什么这对夫妻换了一个又一个情感治疗师还没有解决问题。"你们现在可以回去了，"他和这对夫妻说，"我知道问题在哪儿了。谢谢你们。"

这对夫妻目瞪口呆地坐在那儿，并没有离开。他们请约翰告诉他们，到底从刚刚的描述中发现了什么。

"好吧，"约翰开始说，"因为你们最初很相爱，所以订婚，一直到结婚。你们一起买房，一起养育了两个孩子。但是你们都没有全情投入。你们总是在想也许换个人自己会过得更好，表现得更好。你在聚会上碰到了一位女士，在你们愉快对话的同时，你在把妻子和她作比较，而且觉得和这位女士可以相处得更好。当他和你抱怨这一点的时候，你也觉得也许和一个更加成熟的男人在一起你会过得更好。你们都没有用心投入。"

丈夫开始辩护："我做的每件事情都是为了我们的家庭，我每天都在自我牺牲。你说我没有好好投入是什么意思？"听到约翰说她投入不够，妻子也开始极力辩驳："我需要照顾家里的里里外外，我的压力也很大。"

"我和你们说一下'爱丽丝漫游仙境'的故事吧，"约翰说，"见到一只不同寻常的兔子跳进洞里，爱丽丝也立马双脚跳进洞里了。她并不清楚接下来的旅程会是什么样的，仙境并不是一个一切都那么美好的地方——在有趣又美妙的事物之外，还有充满挑战性的事物、令人害怕的事物。这是一次冒险，所以爱丽丝并不全然知晓前路上的一切，但她还是义无反顾地跳下去了。爱丽丝没有迟疑，或者想想是不是明天还会有更棒的一只兔子过来。她从心底觉得自己将要踏上一段很长的旅程，虽然会充满艰难险阻，但还是会很神奇、有趣。爱丽丝并没有回头，也没有质疑她所选择的这条道路。这就是全情投入。但是你们两个人从来没有做到过这一点。虽然做出了互相忠诚的承诺，但只是去了场聚会，就想是否还能找到更好的人。你们不喜欢对方的所作所为，而且认为这代表你们不合适。当你们互相谈判的时候，你们总是从自利的角度，而不是互利的角度思考。你们之间还没有建立起信任、投入的机制，甚至没有忠诚于对方的基石，你们貌合神离。所以，没有情感治疗师能帮到你们。你们都在想，跟着另外一只兔子走，是不是能遇到更圆的月亮，是不是能体验另外一番盛境。"

这对夫妻带着吃惊和若有所思的表情离开了，几个月后，约翰打电话询问他们的情况。他们说，离开约翰的办公室后，他们花了好几个晚上讨论信任与忠诚，以及这些对双方意味着什么。他们已经搬到了另一个州,正在咨询另外一位情感治疗师。这位情感治疗师在帮他们探索他们从来没有很放心地依恋对方,以及从来没有就"信任与忠诚"进行过交流的原因,并了解对方在这一方面的价值观和期待。听起来他们已经很认真地思考并讨论了这些重大问题,约翰知道现在这段婚姻已经有了转机。

坦诚相待,建立信任机制

在相处中,会有一些"瓶颈"期,比如,对方让你心烦,让你感到受伤,或者让你很失望。在这一阶段,当你感到生气、伤心,或者失望时,你也会怀疑,自己是不是选错了"兔子",是不是"跳进了一个错误的洞穴"。有时候,当伴侣惹你心烦,伤害你,让你失望时,你甚至会在那一刻觉得或者深信,如果角色互换,自己能比眼前的这个人"表现得更好"。实际上,全情投入的两个人不会留一只脚在门外。在这段关系中,他们已经倾其所有。他们破釜沉舟,把所有的鸡蛋都放在一个篮子里。因此,他们不会在遇

> 全情投入的两个人不会留一只脚在门外。在这段关系中,他们已经倾其所有。

到困难时便要赌气离开。而且他们根本不会去想自己的真命天子（女）是不是还没有出现，觉得这个理想的恋人会更容易相处，更加能满足自己的需求；不像眼前的这位，虽然很真实，虽然曾经很爱他（她）、珍惜他（她），但是现在发现他（她）的毛病一大堆。在此，有必要重申：如果在相处中出现了问题，就要及时和伴侣交流，而不能向其他人大倒苦水。

全情投入要求双方直面内心深处的一些脆弱之处，以及恐惧感。因为确定关系代表不留后路，所以在确定关系前两个人都不免会思前想后，想象出许多困难，这些困难也许比爱丽丝在仙境中遇到的那些还要令人害怕：他（她）能否满足我的需求？他（她）会在我需要的时候陪伴我吗？他（她）是爱我现在的样子，还是想去改造我？他（她）会在其他人面前批评我吗？他（她）会背叛我吗？我生病了，他（她）还会爱我、照顾我吗？他（她）会不会抛弃我？

在我们决定和一个人共度一生时，会有这些很真实的担忧。在相爱时，我们会把最好、最可爱的一面展示出来。但是，随着关系的推进，我们会以更加透明的视角看到

> 随着关系的推进，我们会以更加透明的视角看到对方真实的一面，因此双方脆弱的一面也会随之暴露。

对方真实的一面，因此双方脆弱的一面也会随之暴露。人无完人，而且一个人不管看上去有多好，他（她）都可能有一些小癖好，或者给你带来一些不安感。这些不完美之处恰恰是有趣的地方——我们越坦诚，越能发觉对方爱我们真实的一面，而不是爱那个刚开始约会时我们理想化的一面。袒露脆弱能创造信任，而信任是关系成长的基石。

信任的建立需要时间，需要多次促膝长谈——就像本和利亚的故事。信任是任何亲密关系的底色，它既是一种状态，也是一种行为。有时你们看到互相的陪伴，内心就会产生信任感。信任酝酿于点滴微小的瞬间：当你们心有灵犀时；当你们像朋友一样互相倾听时；当一方感到伤心、愤怒、恐惧（甚至有时这些负面情绪因你而起），你们共同面对时……在我们做出决定时，要想着怎样让自己的利益最大化的同时也让伴侣的利益最大化。互相信任的基石是相信双方心里都装着两个人。这样，两个人就会为双方的利益而让步，并权衡所做的决定会给对方造成的损失。

许多人在亲密关系中会做出破坏信任的举动，这里列出了最常见的行为：

- 不按时出现。
- 不重视对方。
- 在伴侣受伤或生病时不去陪伴。
- 不为家庭的幸福而努力（只想到"我"，而不是"我们"）。
- 不遵守承诺。
- 有自己的小秘密。
- 撒谎。
- 公开或私下的侮辱或贬低。
- 不忠诚。
- 家暴。

在结婚或恋爱中所度过的每一天，每一次互动时，每一次争论时，我们心里都会想到以下这些重要问题：

- 你是否珍惜我？
- 我对你来说有多重要？
- 我是否是你生命中最重要的？
- 你会不会把我所做的一切当作理所当然？
- 你会不会想去寻找一个比我更好的人？

- 在我对关系感到不安时，你会关心我吗？会倾听我的担忧吗？

在日常相处中，我们以或大或小的行动来回应这些问题。日积月累中，这些行动构成了我们彼此的情感投资和信任机制。每一天我们都要向伴侣展示出我们很珍视他（她）优秀的品质，并尽力去忽视那些不好的特点。如果你们交流关于信任的价值观，并一起承诺要以行动来落实这些价值观时，你们的关系就会越来越好。

当信任已经遭到破坏时怎么解决

如果你们在信任方面出现了问题，可以采取以下步骤去修复。不管是小的裂痕还是大的裂痕，都可以采用这些步骤。但是，你们不能省略其中的任何一个环节。

1. 确定好对话的时间和地点。
2. 两个人都要说出自己在事情发生或信任遭到破坏时的心情，但是不能责怪或批评对方。

3. 倾听的一方不要给出回应，也不要做出判断。
4. 双方轮流从自己的角度讲述事件的经过，中间不能责怪或批评对方；倾听的那个人要全神倾听，试着去共情。注意：在轮到自己讲述前，倾听者不可以提出自己的观点。
5. 你解释并验证由这个事件所引起的任何情绪，但是这些情绪应该是属于你们确立关系前你就曾体验过的。比如，有一次伴侣没有按照约定和你一起吃晚饭，这让你觉得被抛弃了，而这种感受其实源自于童年的经历或是因为在上一段恋情中被劈腿。
6. 双方都要评估自己在这次事件中的责任，并要对自己问责。
7. 双方都要道歉，并接受对方的道歉。
8. 之后你们一起制订一个防止类似事件再次发生的计划。

这8个约会中的每一个环节都要求你们袒露内心深处的脆弱，但我们可以保证，在第一次约会中，通过谈论信任对双方的含义，两颗心可以靠得更近，你们也会离理想中的爱情更进一步。

培养你的喜爱与赞美

在考虑清楚伴侣对你的重要性后,你要让对方知道他(她)对你是多么珍贵,多么不可替代,然后你们才能建立信任。在思考或交流时,我们都要怀着感恩之心看待和对方相处这一事实。我们要在意识中放大其优点,弱化其缺点。我们意识到并告诉对方,没有任何人——不管是真实存在的还是幻想中的,可以比得过我们的他(她)。

那么,背叛是怎么产生的呢?这实际上来自于自己的选择和举动。如果我们告诉伴侣,他(她)身上缺少我们极其看重的品质(而且我们觉得这些品质必不可少),对方的可替代性很高,就可能招致背叛。在思考及交流时,如果我们对伴侣缺失这些品质这一事实很在意甚至很反感,背叛就会滋生。我们会觉得,许多人可以轻易和我们的伴侣相媲美,而且在意识上,我们会放大伴侣的缺点,弱化其优点。我们感到并告诉伴侣,其他的人——不管是真实的还是假想的,都能比得上甚至超过他(她)。

下面列出了 99 条珍惜伴侣的理由(实际上有上百万种,但如果都列出来,你们就永远读不完这本书了)。

» 小活动 «

99 个说出欣赏彼此的方式

步骤提示：在脑海中想象一幅伴侣的等身高画像，然后将你们共同完成和享受的事情写成便条贴在画像上，如开心的瞬间、互相的安慰、很小的事、梦想及你们所克服的困难等。认真回顾你的人生经历，并思考两个人共度的时光给你的人生带来了什么。

现在，请完成下列选择题——其中的每一条都能促使你珍惜自己的伴侣。这些题目很简单，回答"是"或"否"即可。思考"如何珍惜伴侣"能有效增强你们之间的情感联结。我们在此列出的众多问题不是每一条都能激起你们的共鸣，但对那些感受强烈的题目（希望不会太多），请做出承诺并告诉对方你很珍惜他（她）的这一品质。请现在就去做，不要深爱对方却从不说出口，铸成永久的遗憾。创造一个具有仪式感的时刻（也许每周一次），专门向伴侣大声说出"你最珍贵"。各位读者还可以将这些小活动项目打印出来。

我非常珍惜你，因为：

1. 我们一起玩得很开心。
   - □ 是　　□ 否　　□ 是但还未说出口

2. 我们在一起时容易开怀大笑。
   - □ 是　　□ 否　　□ 是但还未说出口

3. 我们一起开心地旅行。
   - □ 是　　□ 否　　□ 是但还未说出口

4. 没有任何人可以替代你。
   - □ 是　　□ 否　　□ 是但还未说出口

5. 我们一直都能互相安慰。
   - □ 是　　□ 否　　□ 是但还未说出口

6. 我们曾经一起渡过经济上的难关。
   - □ 是　　□ 否　　□ 是但还未说出口

7. 我们已经学会如何真正地信任对方。
   - □ 是　　□ 否　　□ 是但还未说出口

8. 你一直都支持我实现我的梦想。
   - □ 是　　□ 否　　□ 是但还未说出口

9. 你曾经给予过我很多。
   - □ 是　　□ 否　　□ 是但还未说出口

10. 我们一起经历过很棒的冒险。
    □ 是　　　□ 否　　　□ 是但还未说出口

11. 我们有过很愉快的自驾游经历。
    □ 是　　　□ 否　　　□ 是但还未说出口

12. 我们很喜欢一起学习。
    □ 是　　　□ 否　　　□ 是但还未说出口

13. 你很了解我。
    □ 是　　　□ 否　　　□ 是但还未说出口

14. 我很喜欢你体验自然的方式。
    □ 是　　　□ 否　　　□ 是但还未说出口

15. 我们很喜欢一起唱歌。
    □ 是　　　□ 否　　　□ 是但还未说出口

16. 我们一起做了我不曾和其他人一起做的事情。
    □ 是　　　□ 否　　　□ 是但还未说出口

17. 你很值得信任。
    □ 是　　　□ 否　　　□ 是但还未说出口

18. 在经历了一次损失或挫折后我们曾经互相疗伤。
    □ 是　　　□ 否　　　□ 是但还未说出口

19. 我们一起养育了一个小孩。
    □ 是　　　□ 否　　　□ 是但还未说出口

20. 对我而言,你的价值远胜过金银珠宝。
    □ 是　　　□ 否　　　□ 是但还未说出口

21. 你很忠诚。
    □ 是　　　□ 否　　　□ 是但还未说出口

22. 我喜欢你的率性。
    □ 是　　　□ 否　　　□ 是但还未说出口

23. 你教会了我很多。
    □ 是　　　□ 否　　　□ 是但还未说出口

24. 虽然我有缺点,但你还是很包容我。
    □ 是　　　□ 否　　　□ 是但还未说出口

25. 你理解我的一些个人目标。
    □ 是　　　□ 否　　　□ 是但还未说出口

26. 我们能合奏出很棒的音乐。
    □ 是　　　□ 否　　　□ 是但还未说出口

27. 我钦佩你的人生智慧。
    □ 是　　　□ 否　　　□ 是但还未说出口

28. 我们是很棒的团队。
    □ 是　　　□ 否　　　□ 是但还未说出口

29. 我喜欢你招待客人的方式。
    □ 是　　　□ 否　　　□ 是但还未说出口

30. 我喜欢你的井井有条和高效率。
    □ 是   □ 否   □ 是但还未说出口

31. 我们喜欢一起很开心地听同一段音乐。
    □ 是   □ 否   □ 是但还未说出口

32. 我钦佩你的很多项技能。
    □ 是   □ 否   □ 是但还未说出口

33. 你喜爱并帮助过我的一些亲戚。
    □ 是   □ 否   □ 是但还未说出口

34. 我时常会佩服你的勇气。
    □ 是   □ 否   □ 是但还未说出口

35. 我尊重你的价值观。
    □ 是   □ 否   □ 是但还未说出口

36. 你懂我的幽默感。
    □ 是   □ 否   □ 是但还未说出口

37. 你能站在我的立场去应对攻击过我的人。
    □ 是   □ 否   □ 是但还未说出口

38. 我们有很愉快的性生活。
    □ 是   □ 否   □ 是但还未说出口

39. 你总是看上去很棒。
    □ 是   □ 否   □ 是但还未说出口

40. 我真的很感谢你在我消沉时的陪伴。
   □ 是   □ 否   □ 是但还未说出口

41. 在紧急关头我可以依靠你。
   □ 是   □ 否   □ 是但还未说出口

42. 我们一起爱过一只小宠物。
   □ 是   □ 否   □ 是但还未说出口

43. 我们互相爱上过对方。
   □ 是   □ 否   □ 是但还未说出口

44. 你让我有安全感。
   □ 是   □ 否   □ 是但还未说出口

45. 我们一起爱过一个小孩。
   □ 是   □ 否   □ 是但还未说出口

46. 你很善良。
   □ 是   □ 否   □ 是但还未说出口

47. 你曾经原谅过我。
   □ 是   □ 否   □ 是但还未说出口

48. 我们一起帮助过一个有困难的朋友。
   □ 是   □ 否   □ 是但还未说出口

49. 我喜欢你柔情蜜意的样子。
   □ 是   □ 否   □ 是但还未说出口

50. 你对我很有吸引力。
    □ 是　　　　□ 否　　　　□ 是但还未说出口

51. 我喜欢你的思想。
    □ 是　　　　□ 否　　　　□ 是但还未说出口

52. 你很大方。
    □ 是　　　　□ 否　　　　□ 是但还未说出口

53. 我们一起成功处理过我们之间的冲突。
    □ 是　　　　□ 否　　　　□ 是但还未说出口

54. 我们曾一起照顾过一位亲人。
    □ 是　　　　□ 否　　　　□ 是但还未说出口

55. 我尊重你对待朋友的方式。
    □ 是　　　　□ 否　　　　□ 是但还未说出口

56. 我感觉到过你对我的爱和关心。
    □ 是　　　　□ 否　　　　□ 是但还未说出口

57. 我喜欢你沐浴的样子。
    □ 是　　　　□ 否　　　　□ 是但还未说出口

58. 你让家里充满温馨和宁静。
    □ 是　　　　□ 否　　　　□ 是但还未说出口

59. 你很有思想。
    □ 是　　　　□ 否　　　　□ 是但还未说出口

60. 我们一起形成了很相似的伦理道德观。

　　□ 是　　　　□ 否　　　　□ 是但还未说出口

61. 你很爱我的母亲。

　　□ 是　　　　□ 否　　　　□ 是但还未说出口

62. 在我担惊受怕时你曾经安慰过我。

　　□ 是　　　　□ 否　　　　□ 是但还未说出口

63. 我们一起经历过一些极其浪漫的旅行和约会。

　　□ 是　　　　□ 否　　　　□ 是但还未说出口

64. 我们的价值观、人生观、世界观已经互相融合。

　　□ 是　　　　□ 否　　　　□ 是但还未说出口

65. 我佩服你的智力。

　　□ 是　　　　□ 否　　　　□ 是但还未说出口

66. 在我遇到敌人时你给予过我支持。

　　□ 是　　　　□ 否　　　　□ 是但还未说出口

67. 我喜欢你认真倾听我的样子。

　　□ 是　　　　□ 否　　　　□ 是但还未说出口

68. 你是一位很棒的家长。

　　□ 是　　　　□ 否　　　　□ 是但还未说出口

69. 在我生病时你照顾过我。

　　□ 是　　　　□ 否　　　　□ 是但还未说出口

70. 在我极度自我怀疑时，你却很支持我、相信我。
   □ 是　　　□ 否　　　□ 是但还未说出口

71. 你支持我的个人目标。
   □ 是　　　□ 否　　　□ 是但还未说出口

72. 你一点也不傲慢。
   □ 是　　　□ 否　　　□ 是但还未说出口

73. 在别人公开批评我时，你会站出来维护我。
   □ 是　　　□ 否　　　□ 是但还未说出口

74. 我们一起生了一个小孩。
   □ 是　　　□ 否　　　□ 是但还未说出口

75. 我们一起创造了一个家。
   □ 是　　　□ 否　　　□ 是但还未说出口

76. 我们有过很相似的人生目标。
   □ 是　　　□ 否　　　□ 是但还未说出口

77. 你不趋炎附势。
   □ 是　　　□ 否　　　□ 是但还未说出口

78. 我深受你的吸引。
   □ 是　　　□ 否　　　□ 是但还未说出口

79. 我们在一起很长时间了。
   □ 是　　　□ 否　　　□ 是但还未说出口

80. 我们一起创造了一个圈子。
    □ 是　　　□ 否　　　□ 是但还未说出口

81. 你让我很骄傲,对此我深表感激。
    □ 是　　　□ 否　　　□ 是但还未说出口

82. 我们曾共渡难关。
    □ 是　　　□ 否　　　□ 是但还未说出口

83. 在你面前我可以做我自己。
    □ 是　　　□ 否　　　□ 是但还未说出口

84. 你总是支持我的个人发展。
    □ 是　　　□ 否　　　□ 是但还未说出口

85. 你对陌生人很友好。
    □ 是　　　□ 否　　　□ 是但还未说出口

86. 我帮助过我克服悲伤。
    □ 是　　　□ 否　　　□ 是但还未说出口

87. 我们曾一起祷告祝福。
    □ 是　　　□ 否　　　□ 是但还未说出口

88. 我确信我们可以一起走出任何困境。
    □ 是　　　□ 否　　　□ 是但还未说出口

89. 在我低落时总是可以和你诉说。
    □ 是　　　□ 否　　　□ 是但还未说出口

90. 我喜欢你坦诚的样子。
    ☐ 是   ☐ 否   ☐ 是但还未说出口

91. 我很欣赏你努力工作的样子。
    ☐ 是   ☐ 否   ☐ 是但还未说出口

92. 我很喜欢你自黑的样子。
    ☐ 是   ☐ 否   ☐ 是但还未说出口

93. 我们曾经一起为成功而庆祝。
    ☐ 是   ☐ 否   ☐ 是但还未说出口

94. 你是我最好的朋友。
    ☐ 是   ☐ 否   ☐ 是但还未说出口

95. 你从不虚情假意,我很喜欢这一点。
    ☐ 是   ☐ 否   ☐ 是但还未说出口

96. 在我迷失时,你曾帮我找到过方向。
    ☐ 是   ☐ 否   ☐ 是但还未说出口

97. 我喜欢我们精神上的联结。
    ☐ 是   ☐ 否   ☐ 是但还未说出口

98. 在我感到脆弱时你表现得很坚强。
    ☐ 是   ☐ 否   ☐ 是但还未说出口

99. 我觉得我们可以为我们已经共同取得的成绩感到自豪。
    ☐ 是   ☐ 否   ☐ 是但还未说出口

» 本章精华 «

1. 信任的本质是珍惜伴侣，并向伴侣展示出你是他（她）值得依靠的人。
2. 信任由每日的付出累积而成，这意味着：
   - 你全情投入，没有保留。
   - 你选择拒绝和其他任何人发展亲密关系的可能性，因为这会破坏亲密关系中的信任；同理，你要保持好亲密关系外的界限感。
   - 如果进展并不如意，你要向伴侣诉说你的感受和需求，而不是向外人抱怨。
   - 你接受伴侣现在的样子，虽然他（她）有一些缺点。
   - 你珍惜现在所拥有的并对此心怀感激。
   - 你从来不赌气说分手或离婚。
   - 你关心伴侣的痛苦，甚至远胜于关心你自己的。
3. 以下是一些会破坏亲密关系中信任的做法：
   - 不重视伴侣。
   - 不遵守承诺。
   - 在伴侣受伤、生病时没有陪伴在身边。

- 撒谎，藏有秘密，不忠诚。
4. 关于信任、忠诚、付出，下面是一些可以互问的重要问题：
    - 我可以信任你吗？
    - 当我需要你时，你会陪伴在我身边吗？
    - 你会对我忠诚吗？
    - 如果我受伤了，你会陪伴我吗？
    - 我对你来说有多重要？

》约会进行时：信任与忠诚 《

对话主题

我们的关系中，有怎样的信任机制？我们如何给对方安全感？

关于信任与忠诚，我们达成了怎样的约定？

前期准备

阅读本章，并标出引起你共鸣的部分。

定义一下你心目中的信任与忠诚。想一想你的原生家庭中，信任机制是怎样的。列举出一些你和伴侣展示忠诚的方式。

建议

选择一个人来做这次约会的负责人。你们可以通过抛硬币的方式决定谁可以"被信任"来安排这次约会。你可以让伴侣"信任你"，精心选择地点，给他（她）一个惊喜。如果你想让约会升级，可以在路上或车上蒙住伴侣的眼睛，直到到达约会现场。

约会地点

选择一个视野开阔的高层空间。可以是一栋高楼、一座桥，或是一座山。最好能找到一把椅子或者其他可以很舒服地坐下的地点，这样你们就可以坐着互问这些开放式问题。如果可以的话，选择一个对你们的爱情故事有特殊意义的地点。比如，本章中本和利亚也许会选择坐在他们初遇时的教学楼前的台阶上。

不管选择哪个地点，负责选择地点的一方尽量确保环境足够私密安静，这样你们就可以敞开心扉对话。这是一个会勾起内心脆弱情绪的话题，所以你们应该要感到很安全，可以没有顾虑地坦诚交流。

在家约会： 如果你们决定在家里约会，也可以参考以下方式：你们可以轮流把对方的眼睛蒙上，引导他（她）在屋子里走一圈。这是一个很好地练习清晰沟通的方式（"你马上要跨过一个门槛""向上走一个台阶"），引导者练习关心被引导者，被引导者练习信任引导者。

约会小贴示

　　解放思想，和伴侣讨论阅读本章时产生的任何关于"信任与忠诚"的想法。

　　开始对话前，请通读下面的"如何预防磨擦"部分。信任是一个可能会引发争吵的话题，所以请在开始约会前阅读一些基本注意事项。

如何预防磨擦

- » 用开放包容的心态对待伴侣。
- » 对话时不要转变主题，也不要再次提起对方曾做过的、破坏你们之间信任的事情，并加以责怪。不要低估伴侣心中的担忧。
- » 向对方提问题，从而了解对方为什么那么重视自己关于信任与忠诚的观念。
- » 坦诚地说出你的需求。
- » 不要把自己对"信任与忠诚"的想法强加在伴侣身上。
- » 把你们的差异看作进一步了解对方的机会，还可以借机创建一个关于信任与忠诚的共同价值体系。
- » 不要批评或评价。

约会对话之开放式问题

互问下列问题（我们前面已经讲述了提问时可以用到的语言和语气，你们要以一种自然贴切的方式提问。虽然参加我们研究项目的夫妻或情侣在约会时只问了以下问题，但是你们可以根据自身情况添加其他问题）：

1. 你的父母是怎么展示对对方的忠诚的？他们在这一点上还有什么欠缺的地方？在你看来，你的原生家庭对我们有什么影响和意义？
2. 信任对你意味着什么？
3. 请描述一个你觉得不被信任的场景，并说说我怎么做可以帮你。
4. 你需要我做什么事情，可以让你更加信任我？
5. 你觉得我怎么做可以让你看到我对我们的关系的忠诚？
6. 你觉得我们应该在哪些方面努力，以构建我们之间的信任？
7. 关于信任与忠诚，你觉得我们有什么不同点？有什么相同点？我们该如何接受这些不同点？

» 共许今生 «

向对方大声读出这段宣言,并在朗读时保持眼神交流。

我承诺,无论什么时候,你都是我的唯一。同时承诺,让你看到我对我们的关系的重视。我还承诺,我会和你进行另外 7 次约会和对话。

CHAPTER

»3«

为什么会吵架

我们研究发现，69%的情况下，夫妻一再谈论同样的问题，而这就是我们所说的永久性问题。这类问题是很难解决的。

卫斯理和玛丽在同居两年后结婚。当他们决定讨论"矛盾"时,才刚刚结婚一年多一点,而且他们喜欢说他们仍处于蜜月期。"我们从来没有吵过架,从来没有红过脸。我们不会像我们的一些朋友一样大吵大闹。我们是彼此最好的朋友,我根本想不到我们会因为什么而吵架。"玛丽说。

但是,在这次约会中,他们对矛盾的认知改变了,学习到了该怎样去看待和解决矛盾。

根据他们的描述,婚后生活平静幸福,但是平静的背后不是没有矛盾,而是努力去抑制矛盾。每一段亲密关系中都会有矛盾,而通常我们对幸福婚姻的认知存在一个误区,认为如果从来不吵架,从来不去讨论让我们觉得棘手、不舒服的问题,就代表我们关系"很好"。事实上,婚姻结合的不仅仅是我们的亲密,也是我们不同的生活习惯、个性和信仰体系，甚至是生活怪癖，这一切都会让我们的婚姻鸡飞狗跳。因此，如果你还觉得幸福婚姻的标志就是没有矛盾，那么这种想法势必会为以后的失望甚至关系破裂埋下伏笔。

其实，上面的这对小夫妻确实有一个矛盾，这也让两个人都很苦恼。

卫斯理喜欢开着电视睡觉，玛丽则睡眠很轻，喜欢在安静的环境下入睡。所以，如果电视是关着的，她就能很快入睡；但是，当电视开着时，她就辗转反侧难以入睡，往往要等到卫斯理睡着后，她才关上电视睡觉。玛丽好几次试图和丈夫谈论这个问题，但是从未明确说出她受电视的困扰有多深。当她换了一份必须要早起的工作后，就感到越来越心烦，觉得卫斯理自私极了。夜不成寐时，她会非常恼火地想，是她付了一半的房贷，是她买了家里的新床，但是她现在觉得自己好像是丈夫世界里的一个访客。她的怒气逐日累积，但她仍然隐忍不发。最后，玛丽甚至开始质疑自己和卫斯理结婚的决定是否正确。是不是自己以后都要一再妥协，而他总是为所欲为？剩下的60年，难道她就要这么度过吗？

卫斯理也开始纳闷，为什么玛丽越来越暴躁，说话也越来越带着脾气。他和玛丽结婚的原因之一就是她是自己见过的最温柔和善的女孩，而且总是对他笑脸相迎，他也很喜欢逗她笑。后来卫斯理渐渐发现，他说完笑话后，她总是沉默没有反应。他实在不明白她到底在为什么烦心，而每每询问，她总是回答没事。卫斯理开始想是不是自己做错了什么事情，因为一见到他，玛丽就不开心，而且越来越沉默寡言。他开始问自己：这个面无表情的女人究竟是谁？那个曾经快乐美丽的女人去哪儿了？最后，他实在忍受不了了，希望玛丽告诉他为什么要这么折磨他。玛丽感到很震惊。在她看来，应该是卫斯理在折磨自己啊！他才是那个自私鬼。玛丽最终说出是什么让她这么心烦，然后她的眼泪涌了出来："我觉得我们之间完了。"

卫斯理听到后目瞪口呆，然后和玛丽说了自己的成长故事。他生长在一个单亲家庭，母亲有两份工作，所以他大部分时间是自己待在屋里，电视是唯一能陪伴他的东西。"有一次，我们家遭到入室抢劫，电视被偷了。我觉得世界都要崩塌了。电视是我晚上唯一的慰藉，而它没了就代表我的世界空了。没有电视的时光特别可怕，孤独而寂寞。"

玛丽从来没听过这个故事，而现在她的心结突然打开了，接纳了那个曾经的小男孩——她现在的丈夫。

"但是你为什么认为我们俩完了？"卫斯理问，"只是一台电视而已，我们肯定能找到解决的办法啊。"

从玛丽的角度分析，她从来不和卫斯理说出自己的感受，因为她害怕所有的矛盾与冲突。她从来没有听过父母吵架，在自己的家里，只要出了点小问题，母亲就会带着玛丽还有她的兄弟姐妹离家出走，跑去宾馆住。不管是半夜，还是第二天他们要去学校，母亲都会让他们赶紧上车，驱车到离家最近的宾馆，好像他们去度假一样。他们在泳池里洗澡，呼叫客房服务，几天后再回家，好像什么也没发生过，没有人问他们为什么离开家，又为什么回来。玛丽唯一一次听到父母之间的激烈争吵后，父母就宣布他们要离婚了。之后在玛丽上高中时，她父母离婚了。母亲开始约会，而她的母亲每次和男友分手后都会换掉家中的电话号码。玛丽也许没有意识到，但是她的内心深处已经根植了一个想法，就是应该避免所有的矛盾，一旦有争吵，就意味着关系要破裂。

互相分享上面的故事，扭转了玛丽和卫斯理关系的僵局。玛丽现在明白了为什么卫斯理喜欢在睡觉时开着电视，而卫斯理也了解了为什么玛丽对生活中的不满缄口不言,也明白了为什么她觉得谈论电视机这个问题就代表关系的破裂。对玛丽而言,能说出不和简直就是奇迹。但是这次勇敢的诉说以及对童年经历的分享不仅没有终止他们的关系,反而让两人的关系更近了。"我们的关系上了一个新的台阶,我觉得更加真实了。"玛丽说,"现在,我甚至很期待我们之间的矛盾,因为每每讨论完矛盾后,我们总是能增加一分对对方的了解,从而变得越来越亲密。我不期待吵架,但是现在我也不会对吵架唯恐避之不及了。我喜欢那种共同走过艰难时刻的感觉,而这也是亲密关系的意义所在。即便在我们意见相左时,我们都还是一体的,可以努力去找到一个方法来理解对方并解决问题。"现在他们的"电视问题"已经解决了——他们买了一个有定时功能的遥控设备,可以让电视20分钟后自动关闭。

大部分进行这个主题约会的夫妻与卫斯理、玛丽一样,希望通过这次约会找出彼此的不同之处,并努力理解对方,接受这些不同。而倾听对方的经历就可以有效地解决问题。

冲突不一定要解决

跟伴侣来一场关于冲突的对话也许听起来很奇怪，但是讨论如何管理冲突的最佳时机绝不是双方交锋正烈时。要知道，在亲密关系中产生矛盾是再自然不过的事情，而且是有一定益处的。双方可以好好思索：产生矛盾的目的是什么？对此，许多人可能会有疑问：产生矛盾也有目的吗？大家都觉得矛盾有百害而无一利，但这是不正确的想法。矛盾有其存在的合理性和必要性，因为我们对对方的爱不可避免地会有波峰和波谷，在我们对伴侣的爱在波谷时，需要慢下来，小心前进。这时可能会产生矛盾，但是矛盾也有两面性，有其意义所在。

矛盾所能带来的最有效的成果便是增进相互理解，而这也是矛盾产生的意义，尽管你可能会因此吃惊。矛盾的目的不是说服对方相信你是对的，或者让两个人完全相同，而是彼此妥协。在达成妥协的时候，我们需要理解对方的核心需求及可妥协的方面。但是，妥协的目的不是两个人完全一致，而是互相理解。

就像玛丽和卫斯理所发现的，管理矛盾能帮助我们更好地爱对方，加深相互了解，并促使我们为这段关系做出进一步的努力。没有任何一个人可以做到完美沟通，即便是我们这些结婚多年的婚姻咨询师也做不到。

> **看似无解的永久性问题里隐藏着促进你们成长和增进两性感情的机会。**

另外，我们还得出一个重要结论：大部分亲密关系中的矛盾是无法解决的。每一段亲密关系中都会不可避免地产生一系列问题，这是因为每个人都是独一无二的，不可能与他人完全相同。所以不管找谁做伴侣，总会存在一些问题。生活中我们经常听到，夫妻因为一些问题而离婚，但是再婚后他们发现还要面对类似的或者是一些新的问题。

所以即便我们更换伴侣，许多问题还是会如影随形，出现在新的关系中，直到有一天我们认识到这些问题的本质，并解决它们。选择伴侣也意味着选择一种迥异于我们的个性，这些个性差异肯定会带来问题。而夫妻矛盾的一大源头就是错误地认为这些问题都是可以解决的。我们研究发现，69%的情况下，夫妻一再谈论同样的问题，而这就是我们所说的永久性问题。这类问题是很难解决的。事实上，一段婚姻的幸福程度取决于两个人是否能学会和永久性问题共存。而这些看似无解的永久性问题里隐藏着促进你们成长和增进两性感情的机会。当你努力去探索问题的本质时，你就能深入伴侣的信仰体系或个性的核心。很显然，一些冲突可能会导致关系破裂，比如，一方想要孩子而另一方希望丁克；一方有药物滥用或上瘾问题，但拒绝治疗；一方有家暴行为等问题。但是大部分情况下，这些问题要么是永久性问题（不能得到解决而且永远无解），要么是可解决的问题。

可解决的问题：这些问题因具体事件引起，而且你们的立场背后没有更深一层的含义，属于情景类问题。比如，你们因为谁去做家务、谁每周五去接孩子、去哪里度假而有不同意见，或者他总是不盖马桶盖，而她讨厌蹲坐在冰冷的马桶盖边缘。这些确实会引起矛盾，但是这些事件背后没有更深的含义。对于这类可以解决的问题，可以找到解决的办法，而且可以持续性地使用该解决办法。比如，你们共担家务，平分接孩子的时间，每人各选一个度假地点等。但是，可解决不意味着不用付出努力。要解决此类问题，你们也需要付出努力，改变行动，并遵守所达成的约定。

永久性问题：这些问题的本质是你和伴侣在个性和生活方式偏好上的根本性差异。这是你们会一再谈论到的问题。永久性问题可以是基本需求的不同、时间观念的不同、时间分配的不同、独处和共处时间分配的不同，甚至是庆祝圣诞节方式的不同，以及对姻亲关系的处理方式不同。甚至锻炼方式上意见不合也可能是一个根本性差异，比如他喜欢在附近闲逛，而她觉得必须要去健身房。你们无法解决个性上或生活方式偏好上的差异导致的问题，你们也不应该尝试去解决。反之，要承认它们是永久性问题，因为这些问题最终的导向不是解决方案，而是接受并珍视你们的不同点。管理矛盾的核心，尤其是管理永久性问题的核心，是接受伴侣现在的样子。当你们能接受你们所不能改变的，你们就接受了对方。接受伴侣现在的样子，这样他（她）也会接受你现在的样子。要庆祝你们之间存在差异，并从中学习对方的优点。

如何解决僵局

没有人喜欢陷入僵局时停滞不前的感觉。在发生矛盾时，如果你们一直围着一个永久性问题讨论而走不出来，就很可能陷入僵局。这时，你们要意识到这一点。一而再，再而三地讨论会让你们中的一方或者两人都感到沮丧、受伤，或者不被接受，最后你们会把最亲密的伴侣视为敌人。比如在上面的案例中，玛丽就渐渐在头脑中把卫斯理恶魔化，而且因为他开着电视睡觉，就认为他会在所有领域都自私自利。如果你发现你们处于越来越对立的两极，越来越极端，越来越无法接受妥协，就要意识到你们已经陷入了僵局。最终，这会造成两人情感上的隔阂，而真正的感情杀手通常不是愤怒，不是争吵，不是矛盾，而是你们一手创造出的这种情感隔阂。我们会在"梦想"一章中详述这种陷入僵局的矛盾。因为在每一个这种矛盾的背后，都隐藏着双方站在不同立场上所拥有的渴望和梦想。

如果你把矛盾看作进一步了解对方的机会，那么它可以让两人走得更近。在任何矛盾中，如果你真正地换位思考，寻求理解，就可以创造出一段更加紧密、更加健康的关系。当你的伴侣表达愤怒时，不要试着去自我防卫和反击；试着问问自己，或者直接问对方："你有哪些需求还没有得到满足？"在任何争吵中，即便你很不赞同对方的观点，也要向对方传达出你很爱并接纳他（她），这样你们的关系不仅可以继续下去，还可以越来越好。很多老夫老妻已经学会把对方的缺点、怪癖、个性上不同于他人的方面看作可爱之处，而不是可怕之处。真正爱一个人代表着爱这个人的全部并接受他（她）现在的样子。

» 小活动 «

25 个可能引发矛盾的话题

我们列出了 25 个话题，这些话题隐含着你们个性中的根本差异或者生活方式上的根本不同，这些差异和不同都可能导致你们出现矛盾，其中生活方式也很重要，因为它是构成你本人的重要一点。

通过做这个小活动，你们可以有机会用新的方式了解对方，而且能察觉到未来可能会引发矛盾的点。仔细查看每一个话题，选出 3～5 个印象最深刻的，写下你对它们的感受：你觉得现在这是很大的矛盾吗？它们会不会在将来引发矛盾？多花些时间思考这几个话题，因为你们将在约会中谈论它们。一些夫妻或情侣会探讨每一个话题，并就每一条都写下感想。你们可以尝试用自己能够接受的方式去做小活动。

请记住，做小活动的最终目的是理解伴侣的内在世界，并一起创造共同的意义。如果伴侣很看重守时这一点，而你觉得守时就是迟到时间不要超过一小时，那么就要讨论一下为什么守时对他（她）很重要，而对你不那么重要。每个强烈情绪的背后必然会有故事。做好准备和对方讲述相关故事，并寻求对方的理解，这会帮助你们以智慧、平和的方式处理问题。

在思考自己想要什么的时候，也要正向思维——关注你需要什么，而不是纠结你不需要什么。另外，列出具体化、详细化的需求，假想你在列成功秘诀一样。比如，"我希望你尊重我"太过笼统，可以具体化为"我希望你在吃饭时关掉电子设备，这样我们就能好好聊天了"。

探索并准备好讨论下列问题：

➤➤ 我们有什么相同点？有什么不同点？

➤➤ 我们该如何求同存异？

➤➤ 以下是我们无法接受的差异吗？

1. **生活习惯：干净整齐标准的差异**。一个人整洁有序，而另一个人可能比较粗线条，相对散漫没有条理，不介意混乱。
2. **守时习惯的差异**。一个人总是准时，而另一个人相对随意，或总是迟到。
3. **做事方式的差异**。一个人可以同时处理多个任务，而另一个人喜欢集中精力做完一件事再去办下一件。
4. **情绪管理的差异**。一个人很喜欢表达情绪，而另一个人则不是那么喜欢表达。前者也许更加重视探索情感、观察情绪,而后者觉得要靠行动解决问题,不太关注感觉。

5. **相处模式的差异。**一个人想要更多的独处时间,而另一个人想要更多的两人相处的时间。这些反映了想要人身自由与相互依赖方面想法的基本差异。

6. **性生活频率的差异。**其中一方渴望更加频繁的性生活。

7. **谈论性生活时态度的差异。**一个人想要谈论这一话题,以改进以后的体验;而另一个人不愿意谈论,觉得这是自发、不需要刻意为之的事情。

8. **金钱观的差异。**一个人在财务方面更加保守,未雨绸缪;而另一个人喜欢花钱,觉得要及时行乐。

9. **冒险精神的差异。**一个人很有冒险精神,愿意在探索未知时尝试有风险的举动;而另一个人相对小心谨慎,厌恶风险,希望提前规划冒险行程中的一切,让一切都好掌控、可预知。

10. **和亲戚相处态度的差异。**一个人想要和亲戚保持距离,而另一个人喜欢和亲戚频繁走动,密切相处。

11. **处理家务事、养育孩子分工方面的差异。**一个人希望平均分工,而另一个人却觉得这不现实。

12. **讨论不同意见时的差异。**一个人希望公开争吵，尽量释放情绪；而另一个人则擅长冷静地进行逻辑分析，希望不带情绪地理性处理。

13. **表达愤怒时的差异。**一个人觉得应该表达愤怒，接受对方的愤怒情绪，并想更加自由地抒发怒气，因而会更容易动怒；而另一个人觉得愤怒是破坏力很大的魔鬼，想在相处时减少愤怒情绪的产生，因而会更容易生闷气，或者容易心生怨恨。

14. **养育和管教孩子方面的差异。**一个人觉得要严格管教孩子，孩子对家长要毕恭毕敬；而另一个人则觉得要和孩子进行共情，理解孩子，给孩子自由，和他们建立亲密的情感联系。

15. **处理低落情绪方面的差异。**一个人倾向于忽视伤心甚至绝望的时刻，希望用行动来解决问题，"继续前进"；而另一个人则希望倾诉内心的伤感，希望被认真倾听，并得到共鸣。

16. **活动喜好方面的差异。**一个人喜欢活泼的活动，而另一个人喜欢安静的休闲活动。

17. **社交方面的差异。**一个人外向，爱社交，在聚会时兴奋不已；而另一个人则觉得社交活动让人疲惫，喜欢独处。

18. **控制权的差异。** 一个人喜欢在做任何决定时都掌握主导权，而另一个人则倾向于均分决策权。

19. **进取心和工作重视度方面的差异。** 一个人更加有事业心，向往事业成功，希望在职场上大展身手；而另一个人则更加关注家庭，希望经常和伴侣共度美好时光。

20. **宗教信仰的差异。** 其中一方更加重视精神活动和宗教价值观。

21. **对酒精的态度方面的差异。** 其中一人对酒精的态度比另一人开放很多。

22. **独立性的差异。** 一个人觉得需要更多的独立空间，而另一个人则向往更亲密的关系。

23. **刺激需求的差异。** 其中一方更希望追求刺激，更向往冒险和未知。

24. **忠诚度的差异。** 在定义性和情感的忠诚度时，两个人可能观点不一致。

25. **生活态度的差异。** 一个人更加严肃，很少有"享受乐趣"方面的想法；而另一个人则更加爱玩，相对活泼。

如何正确地吵架

在我们的实验中,那些进行这次约会并互问开放式问题的夫妻里,只有一对在约会时吵了起来。这很正常,讨论冲突会导致冲突。不过只有一对夫妻不欢而散。如果你们在进行这个主题的约会,或者其他主题的约会时吵了起来,不必害怕,这纯属正常。任何亲密关系里都可能会有争吵,这是不可避免而且健康的。但是,研究表明,婚姻或恋爱关系里真正幸福的夫妻或情侣会以温和、积极的方式处理冲突和矛盾。他们倾听伴侣的观点,努力理解对方,而且一起努力找到一个双方都能接受的折中方案。

说起来容易,但是有时候我们说的话、做的事还是不免会伤害到最亲近的人。有时候我们会忘记寻求理解,甚至会恶语相向 20 分钟,向对方证明我们是对的,对方是错的;有时候我们会自我防卫、批评对方、表示蔑视,在应该相向而行的时候却选择背道而驰。我们把这些称为"令人后悔的事件"——比吵架更好听的命名方式,而"大师级"夫妻知道怎么在激烈的争吵中把语言的伤害降到最小。约翰和朱莉在进行研究时,把夫妻分成了"大师级"和"灾难级"两个类别。"大师级"

夫妻是那些可以长久幸福在一起的，而"灾难级"夫妻则要么离婚了，要么不开心地生活在一起。在产生矛盾时，"大师"们知道该怎么修复"令人后悔的事件"所产生的伤害。

"令人后悔的事件"发生后，可以按照下列步骤来修复——这一修复机制应该融入你们管理矛盾的体系中。处理争吵代表双方谈论争吵中发生了什么，而不是戴上手套摩拳擦掌地回到拳击擂台。我们指的是"重播吵架"，重播的时候要搞明白未来可以怎么改善类似的局面。修复讨论的目的绝不是再次围绕问题去争谁对谁错，而是试着从对方的角度理解问题。

这方面没有简单的对错，每个人的角度都有其正确性，真正要做的是从对方的角度看问题。

第一步：轮流谈论发生争吵时的感受：伤心、生气、担忧、孤独、羞耻、不被欣赏、防卫，或是其他情绪，或者你也许觉得失控了，以至于无法觉知到自己的情绪。

第二步：两个人都谈一谈自己怎么看待这个情景，以及怎么看待争吵中发生的事情。请记住，两个人在描述刚刚发生的事情时可能会产生不同的版本，但是两个版本都是正确的。所以，避免互相

在应该相向而行的时候却选择背道而驰。

争论谁记得更清楚，要承认双方的叙事版本。这也意味着，能够这样说话："从你的角度看，我明白了你有这些感受和需求都是合情合理的。我明白了。"另外，你还可以参考本书开篇部分的"倾听的艺术"，向你的伴侣传达出你理解他（她）的一些观点。但是请记住，务必只谈论自己的感受和需求。使用以"我"开头的句子，而不是以"你"开头的句子，告诉对方他们做了什么或是没做什么。此外，要尽可能避免指责和批评对方，最好说"我听到你说……"而不是"你说了……"前者是以你的角度在描述，而这不一定是事实。这样对方就可以更容易理解你，因为没有任何人可以完美无缺地理解事实。

第三步：找到"引爆点"。在一些（不是所有）"令人后悔的事件"中，有一些导致矛盾升级的要素，我们称之为"引爆点"。这些要素和我们内心深处埋藏已久的脆弱情绪息息相关，在这段亲密关系开始前就已经存在，它们给我们留下情感上的伤疤，并会在某一刻被引爆。当你觉得情绪被引爆时，请搜寻以往的记忆，想一想童年或是人生经历中有没有其他事件导致你有类似的感觉。这些引爆点永远不会消失，它们会永远埋藏在你心里。

情绪指南：如果你觉得情绪被引爆，请和伴侣分享过往的经历,这样他(她)就能理解为什么你在某些点上那么敏感,并明白为什么这件事会成为你情绪的引爆点。如果是你的伴侣有情绪波动,请在他(她)描述该事件以及关联情绪时表示理解,并进行共情。下面是一些会引发情绪的时刻,或许能帮你把情绪和经历的具体事件联系到一起:

- ››› 我感到被评价的某个时刻。
- ››› 我感到被排斥的某个时刻。
- ››› 我感到被羞辱、不被尊重的某个时刻。
- ››› 我感到被抛弃的某个时刻。
- ››› 我感到无能为力的某个时刻。
- ››› 我感到被欺负的某个时刻。
- ››› 我感到形单影只的某个时刻。
- ››› 我感到失控的某个时刻。
- ››› 我感到被蔑视的某个时刻。
- ››› 我感到没有安全感的某个时刻。
- ››› 我感到被侵犯、被攻击的某个时刻。

第四步:承担责任并承认你在矛盾中的错误。也许你工作很忙，压力太大；也许你没有留出足够的时间给对方；也许你没有好好倾听。你自己是怎么导致这个矛盾产生的？在这里要避免责怪对方。我们在研究中发现，主动揽责（即便是承认沟通过程中自己的一点点问题）代表着创造机会来修复关系。这一点很有效。

第五步：讨论下次你们将会如何改变行为方式。如果类似事件再次发生，你们可以怎样分别改进自己的行为方式？一起为此制订一个计划，把伤害降到最小，甚至想一想怎么避免未来再次发生类似的事件。

》 本章精华 《

1. 每一段亲密关系里都有矛盾,如果你觉得一段幸福的亲密关系代表一帆风顺,那么这纯属幻想。
2. 亲密关系中的矛盾是有用的——你们可以借机更好地了解对方,并在谈论和处理矛盾时建立更加密切的联结。
3. 矛盾分为两种类型:
   - 可以解决的矛盾是情景类的,而且有具体引发的事件。在矛盾和个人立场背后通常没有更深的含义。
   - 永久性问题是由你们个性或生活方式导致的根本性差异。所有的夫妻、情侣间都有永久性问题,而这占据所有冲突的69%。
   - 永久性问题可以发酵为僵局。当你的伴侣觉得被批评、被排斥或是不被接受时,这预示着你们进入了一个僵局。
4. 请带着好奇心而不是纠正的态度去处理差异,并真诚地渴望了解问题背后的故事。

» 约会进行时：处理矛盾 «

对话主题

我们如何管理矛盾？这方面我们有什么相同点？有什么不同点？我们如何接纳彼此的差异？

前期准备

复习本章"小活动"部分的 25 条差异，并回顾自己的答案。回顾你在本章所读的内容，以及阅读时产生的所有想法：以前你是如何管理矛盾的？将来想要怎样管理矛盾？

约会地点

没有筹划你们之间第一次约会的那位，要负责筹划这次约会。最好找一个可以进行私密对话的地点，找一个你们都觉得安静的环境，或者你们曾经共度美好时光的地点。

建议

可以在你们最喜欢的公园、海边，或是自家后院进行野餐。如果想在餐厅进餐时进行这次对话，请保证你们有足够的时间，并保证有足够的私密空间。相比在晚上约会，也许下午是一个更好的选择，因为双方可能都更有精力。

在家约会：你们或许可以一起在小区遛弯的时候尝试这次约会。即便你们对话的时候卡住了，但是你们的步伐依然在前进；即便你们意见不合，但是你们仍然在朝同一个方向走。在散步和谈论你们之间存在的棘手问题时，都要手拉着手，感受你们在谈论管理矛盾时牵住对方的姿势。

约会小贴士

带上你做"小活动"部分的 25 条差异中所圈出的那些重要差异，做好准备，倾听伴侣的选择，并讨论双方的选择。

如何预防摩擦

- 不要总觉得都是对方的错。一个导向良好的矛盾无关输赢，而在于信任、决心、接纳。
- 不管你们之间存在怎样的差异，都要让伴侣感知到你从根本上接受了他（她）的个性。
- 不要避免矛盾和冲突，压制问题反而会产生情感上的隔阂。
- 不要批评或评价你的伴侣，或者笃信他（她）是错的，你才是对的。事实上，双方的观点都是合情合理的。

» 爱你伴侣现在的样子，爱在当下。
» 认清楚哪些问题是可以解决的，哪些是无解的。不是所有的矛盾都可以得到解决，或者有时候根本没有必要去解决。

约会对话之开放式问题

讨论你们在"小活动"部分选择的差异（一些进行过这次约会的夫妻或情侣可以选择探讨每一个差异）。依次轮流去诉说和倾听，不管你们谈论哪个差异，当轮到你倾听时，都可以问对方下列 3 个问题：

1. 你很在意的这个问题背后有什么故事吗？
2. 在你的成长经历中或原生家庭里，发生过和这个问题相关的事件吗？
3. 关于这一问题，你持有这个立场，背后有什么更深的目的吗？

关于矛盾的其他开放式问题：

1. 在你的原生家庭里，家庭成员是怎么处理这种问题的？
2. 你对愤怒有什么感受？你的原生家庭成员怎样表达愤怒？
3. 在你感到愤怒时，我可以为你做什么？
4. 在争吵后，你喜欢什么样的和好方式？
5. 在做了这个小活动之后，就在当下，你对伴侣有什么新的了解？

》共许今生《

向对方大声读出这段宣言,并在朗读时保持眼神交流。

我承诺,完全地接受你,并完全地接受我们之间的差异。

在产生矛盾后,我会努力了解你的感受,了解你对问题的看法,会尽我所能巧妙地处理问题。倘若没有处理好而导致事后后悔不迭,我要努力通过我们商议好的流程来修复关系。

CHAPTER

» 4 «

别让爱情死于"无性婚姻"

80% 的夫妻每个月都会有几次性生活,其中,32% 的夫妻的频率是每周两到三次,剩下 48% 的夫妻是每月几次。

"我承认,这是我们第一次进行性主题的约会!"

卡佳和伊桑刚刚新婚近一年,两人在同一家科技公司工作,并经常加班。"你们也许觉得工程师,特别是IT工作者索然无味,毫无性感可言,但是我喜欢谈论性!而且我说出口时并不会感到难堪。我也很喜欢我奶奶谈论性的方式。她可以很轻松地和他人聊起这一话题,和分享她的上一次旅行没什么两样。一直以来,我都觉得这很正常,直到我遇见伊桑。"

可以说,伊桑的原生家庭比卡佳的要保守太多了。"我17岁时我们才很浅地触及这个话题。我父亲只是简单地问我知不知道保护措施,仅此而已。但在我家里,谈论这个真的令人难堪。你可以很清楚地感觉到他很不好意思,这也让我觉得难为情。我到21岁时还是个处男。我父母从来不谈论性。他们之间有性生活的唯一证据似乎就是我和我两个兄弟的存在。我家特别小,他们在自己的卧室悄悄地进行性生活。我从来没见过他俩充满激情的瞬间。我是说,他们只是蜻蜓点水一般地快速吻一下对方，一点激情也没有。"

对卡佳来说，这个性主题约会可以让他们有机会敞开谈论他们在性生活中喜欢什么，不喜欢什么。"这给了我们一个很好的架构，引导我们真正地谈论这个话题。因为有一群我们根本不认识的人写出了一些具体的问题，我们就可以很放心地回答问题，写下我们自己的答案，这可以让我们很安全地谈论这件私密的事情。"

卡佳和伊桑第一次约会时就产生了化学反应。"这是史无前例的，"卡佳说，"这把我惊到了，因为他是那种很用功、很努力的人。他超级认真，但正因为这个，我觉得他很性感。第一次约会时，我们一起去徒步旅行，全程中我都想把他扑倒。他对我的吸引力太强了，我都听不到他对我说的话——我不觉得他知道我心里在想什么——我觉得很吃惊是因为之前我从未对他人有过这种感觉。"

"当时我是知道的，"伊桑说，"你口水都要流到我身上了。"

"就因为他对我产生了强烈的吸引力，我才愿意等待。他是我的游戏规则的改变者，我通常不

这个性主题约会可以让他们有机会敞开谈论他们在性生活中喜欢什么，不喜欢什么。

会等这么久的。我们等了一个月,但我觉得时间特别漫长,因为我们几乎每天都在一起。我知道他是那个将要改变我生活的人——他不是我约会的一般男友或是情人,他是我命中注定的那一位。我喜欢那一个月的翘首以盼。就像是一个很长的笑话一样,我们最终发生了关系……啊!真的很棒。"

"我不愿意去想她之前和别人在一起的经历。她比我的性经验丰富得多,一开始我难以接受这一点。我一直都在想,她是否想要我去做那些我根本不知道的事情。我从没有接触过这个领域,这不是我最有信心的一个领域。如果性是代码,我会轻轻松松成为行家,但它不是。我不是很懂女人,对我来说,卡佳仍然充满神秘感。"

"是我,还是我的那个地方?"

"两个都是!"伊桑笑了。"你看,这就是我想说的。在谈论这个话题的时候你总是更加开放,我很喜欢这一点。这让我也放得更开,不再那么紧张。我觉得如果你和我父亲说这些话,他肯定会晕倒在地的。"

"我们之间有着这种奇怪的角色互换。因为一般来说,大家都认为女性应该是懵然无知的,男性要引导两人间的性事,但是我喜欢你让我在这方面引导你并向你展示我喜欢什么。我知道让你开口谈论你喜欢什么、不喜欢什么很难,但是我很想知道在这方面什么最让你兴奋。"

"所有,一切。"

"这个说起来很容易,但是我确实想知道具体的细节。我希望我们能够谈论和性相关的一切。我不知道你是不是有性幻想,我乐于配合你的一切幻想。真的,一切。"

"一切?"

"一切!"

格雷斯和米娅是一对还没有结婚的情侣,两人在一起已经一年多了,在进行这次性和私密主题的约会时,两人在考虑要不要同居。"我们有时候每周要工作70个小时,所以在晚上我们倒头就睡,根本没有精力做别的。但是我们想改善这一局面,"格雷斯说,"我是说,之前我们每周是3~4次,但是现在我们只是拥抱一下,然后累到晕倒。"

米娅问:"你不喜欢这样吗?"

"我认为只要每周至少一次我就可以接受。我想试着把每周的工作时间减少到50个小时。你呢?"

"如果我们两周没有性生活,"米娅笑着说,"那我们真该好好谈一谈了。"

"我也会和你好好谈一谈的，如果要间隔那么久。"

格雷斯和米娅在谈论性生活上喜欢什么、不喜欢什么的时候，特别放松自然。"我们尝试了许多新姿势，"米娅说，"这很有意思。我喜欢慢动作，因为这样能关注感官享受，也能让我们之间建立起一种联接，这让我感到被爱。这个时候就好像你告诉我你爱我。在你用语言和身体告诉我的时候，我最能感受到你的爱意。"

但是米娅和格雷斯都表达了对性生活频率的担忧。格雷斯很担心性生活中的创意性。"有时候就好像例行公事，但我想尝试新花样。"

"比如什么样的？"

"比如把性和瑜伽结合到一起，甚至可以尝试飞行瑜伽，比如你进行倒立。我想看一看我们能否在性中融入更多的精神元素，这样可以有更多的能量。我对这一点很感兴趣。"

"我之前根本不知道你想尝试这个。"

"我们都很灵活，所以我觉得这会很有意思。即便在尝试飞行瑜伽的时候失败了也没有关系，至少我们尝试了！"

"这肯定会是一个很棒的体验！"

马修和艾琳已经在一起9年，结婚3年，还有一个9个月大的小宝宝。艾琳说："很难有这个精力或时间。我很怀念我们过去情不自禁的时候。我很喜欢度假时在沙滩上的那一次。"

马修说："那次太公开了，虽然当时我们在水里，但我不知道其他人是不是知道我们在做什么，但正是这个让我们很兴奋。"

"很美妙。"艾琳说。

马修回应道："我想知道我怎么才可以让你觉得有欲望。这是有了孩子之后需要面对的——这方面我在努力规划。但是我知道你很疲惫，孩子占用了你很多的时间、注意力和精力。"

艾琳问："所以你觉得自己被忽视了吗？"

"没有觉得被忽视，"马修回答，"因为我知道我们为人父母后要面对什么，而且我知道这不会持续太长时间，但是我很怀念我们之前共同的私密时光。"

"我也很怀念。主要是我现在处于哺乳期，我不想任何东西、任何人碰到我，特别是我的胸部。而且现在我对自己的身体还不是那么自信，但是我不想我们失去那种私密相处的时光。有时候，被你抱着就感觉很好，你知道，这让我感到很舒服。现在对我来说，这就是很性感的时刻。我们等了那么久才生了宝宝，现在我常常感到特别疲惫。我应该在24岁就生孩子，而不是34岁！"

"你对我那么好，我会尽力多帮你一些，这样你就可以多休息一会儿了。"

艾琳笑道："然后有更多的性生活？"

马修回答："好吧，是的，如果可以的话我不会抱怨的。"

"谈一谈发生的变化很好。有时候我很担心，我会想你会不会离开我去找一个永远不会疲惫的、更年轻的女孩，你们可以有更多性生活。"

"你真这么想？"马修问。

艾琳回答："是的，但是我相信不是情感原因，而是性激素的作用。"

"我可以接受没有性生活，但我还是想我们之间有夫妻之间的联结，不仅仅是家人之间的联结。我想和你亲吻、调情，我想让你告诉我你眼中的我有多性感帅气。我永远不会离开你去找一个年轻女孩。我保证。"

"不管怎么说，这样的女孩都可能移情别恋。"

"很有可能。"马修说。

艾琳思考了一会儿。"我们要不要这样：白天的时候更多地让对方感受到自己的爱意，晚上的时候不管有没有性生活都不要有压力，这样我就不会因为想到我会让你失望而感到压力很大。日常也许可以像发消息一样释放信号，这样我会觉得自己不再是一个喂奶的机器，而是可以做回那个在海滩上的艾琳。"

马修笑道："我会狠狠给你信号的！"

"噢！你看，已经开始奏效了。"

所有和我们分享性主题约会谈话的夫妻都有一个共性：聊到这个主题的时候都有幽默感。谈论性不代表难堪、丢人，或者要很严肃，两个人完全可以轻松愉快并坦诚自然地谈论这个话题。有一对已经订婚的情侣决定要到婚后再开始性生活，他们在谈论这个话题的时候全程大笑，但是他们也觉得即便他们婚后才进行性生活，婚前谈论也很有启发。"这是很有意思的约会，我们会谈论和对方一起做的很性感的其他事情。我们都没有性经历，但是我们不是禁欲的人或是有其他身份。笑谈性事让这个话题不再那么严肃，不再那么让人有压力。而且在婚前聊聊这方面很有好处。现在，我们所不知道的就是我们以后性生活的频率。比如，我不知道对我们来说怎样的频率是正常的。"

什么频率的性生活算正常

我们都会对其他夫妻或情侣充满好奇。他们的性生活频率如何？我们的和他们的相比呢？如果性生活对我们来说不那么重要呢？如果我们选择禁欲呢？如果我们不经常有性生活，或者不再拥有性生活，这会代表我们的亲密关系形同朽木了吗？性幻想、角色扮演……这些分别是怎样的呢？长期的亲密关系中，什么频率的性生活才是正常的呢？

正常的永远是你们两个人可以接受的。但是根据芝加哥大学开展的一项综合研究，80% 的夫妻每个月都会有几次性生活，其中，32% 的夫妻性生活的频率是每周两到三次，剩下 48% 的夫妻性生活的频率是每月几次。除了频率成谜外，人们至今都不知道，性是不是浪漫的或者应该是浪漫的：燃着蜡烛，放着轻音乐，放松地缠绵。还有另外

> 人们至今都不知道，性是不是浪漫的或者应该是浪漫的。

一点是持续时间。现实生活中,夫妻间的性生活也许有时候持续时间很长,但有时候可能会草草结束。也许其中会有性幻想、角色扮演、性玩具,或者甚至一些你难以想象的你最好的朋友在尝试的事情。但是不管怎样,重要的一点是,正常的频率就是你们两个觉得舒服的频率,而且正常频率会随着时间的流逝、关系的发展而改变。生孩子、变老、生病,以及人生中的太多事情都可能会对性生活产生影响。这些都是人类性学中的正常部分,都是可以接受的。如果在刚刚确立关系或新婚之初就宣言:我们每天都要有性生活,你们肯定会失败的。生活充满变化,而你的性生活就是衡量你生活变化的最好标尺。

我们都想保持一段充满激情、有密切联结的亲密关系,而在卧室中发生的一切既能建立也能毁灭你们之间的联结。最重要的是,不要把性生活排在你们长长的必做事项清单的末位,不要等到你们都很疲惫时才想起来履行这项"义务"。有一些具体的方式可以指导你们拥有令人满意的性生活。

克里斯蒂安·诺斯鲁普、佩珀·施瓦茨和詹姆斯·维特开展了一项研究,搜集了来自24个国家的7万份问卷调查。他们在《正常水平》一书中,发表了他们对婚恋和性的广泛研究结果。那些对性生活很满意的夫妻有以下共性:

- 每天对伴侣说"我爱你",而且真的做到了爱对方。
- 送给对方惊喜浪漫的礼物。
- 经常赞美对方。
- 进行很浪漫的度假。
- 互相背部按摩。
- 没有任何原因地和对方激吻(85%喜欢性生活的夫妻都喜欢激情地亲吻)。
- 公开秀恩爱(牵手、抚摸、亲吻)。
- 每天拥抱(不互相拥抱的夫妻中,只有6%拥有满意的性生活)。
- 每周来一次浪漫约会,约会的事项包括精心打扮、出去共进晚餐、按摩等。
- 重视性生活,并用很轻松的方式和伴侣谈论这一话题。
- 对各种性活动持开放态度。
- 目的是进行情感上的联结。

上述事项做得越多,双方对性生活的满意度就会越高。

此外,上述事项做得越多,双方对性生活的满意度就会越高。在这方面,西班牙人和意大利人做得更好。这里要注意：拥有满意的性生活不是很复杂的事情，它是很容易操作的，但是你要能开口谈论性，并重视性在亲密关系中的位置。

为人父母后的性生活

加州大学洛杉矶分校的斯隆家庭日常生活中心[1]针对双职工家庭开展了一项研究，结果表明，孩子比较小的夫妻很少有二人世界的时间。就像马修和艾琳一样，这些夫妻每天晚上只有10%的时间共处。通常，爸爸单独在屋里待着，妈妈和孩子在一起。这项研究中的一位研究人员告诉我们，双职工夫妻每周的平均对话时间仅为35分钟，而且他们大部分时间都在谈论家务等琐事。因此，许多夫妻最终会停止做一些浪漫的事情，但这些浪漫元素对维持一段充满爱意的亲密关系很重要。为人父母以后，许多年轻的夫妻不再有玩乐的时间，不再抽出时间去娱乐放松，不再出去逛一逛或去约会，不再一起去冒险……他们放弃了所有能够维持激情和新鲜的事情，反而让生活被日常琐事充斥，生活的底色变得单调沉闷。

这些都是没有必要的。父母给予孩子最好的礼物就是他们之间的爱，以引导孩子学会爱和成长。父母除了直接给予孩子父爱、母爱，还可以用夫妻之爱滋养孩子。

谈论性生活才能改善性生活

这次约会的主题是谈论你们的性生活，并创造出专属于你们的联结形式。但是，为了做到这一点，你们需要开口谈性，不要谈"性"色变。研究表明，能够公开谈论性的夫妻有更多的性生活，这段关系中的女性也会更快乐。谈论性对夫妻来说是一件双赢的事情。但是，即便人们知道谈论性可以带来更多的性生活，大家也还是羞于启齿。只有小部分夫妻可以自在地谈论性。但谈论性是一项可以学习并可以越运用越自如的技能。在你们谈论这个话题的时候，最重要的是关注你们喜欢什么，什么让你们感觉美好。"我喜欢你这么做……""在你这么做的时候我觉得很好……"另外，在谈论的时候尤其要关注女性的感觉，因为研究表明男性需要并渴望得到女性的一些引导。男性希望能给伴侣带来愉悦感，他们想要在性上满足伴侣，所以他们希望知道女性的感受。

另外一个关键点是在卧室外面谈论哪些奏效，哪些不奏效。在性生活中间停止并提出批评意见会让你们双方都感到不快。一对我们认识的夫妻喜欢在性生活后做他们称之为"性复习"的练习。他们通常会在第二天早上喝咖啡的时候或者他们一起外出办事的时候做这个练习。"我们谈论我们喜欢什么，以及下次想尝试哪些新的动作和事情真的很令人惊喜。任何新花样，真的。性复习这个习惯甚至为我们做任何事情都注入了性感的元素。"

这对夫妻用十足的幽默感来谈论性生活中喜欢什么，什么让他们感觉良好。这些谈论的基调总是很积极的，他们从来没有复习过"不好的"地方，谈论中只关注喜欢什么。在书中的所有对话都要求你们坦诚公开，并愿意和伴侣暴露内心深处的脆弱，这也许会让你觉得不舒服。不过谈论性是完全不同的，因为很多时候暴露身体似乎比暴露情感更加简单。但是话说回来，如果你们想要关系长久，就必须要容忍两者都暴露在伴侣面前。

如何发起性邀请

研究表明，超过 70% 的人（不论男性还是女性）都会用非常含蓄的方式进行性邀请，只有不到 30% 的夫妻或情侣会直接发起语言邀请："亲爱的，让我们……吧。""我想要……""你想……吗？"大部分人会通过抚摸、拥抱、亲吻进行暗示，也就是用他们所说的"不丢脸"的方式来告诉对方。他们会首先亲吻或者拥抱伴侣，根据对方的反应决定要不要有下一步行动。这是一种试水的方式，可以避免被直接拒绝。没有人喜欢被拒绝，特别是在性事方面。但随着关系走向成熟，人们会用更加直接的方式来发起邀请。这是好事，因为这样就降低了产生误解和受伤害的机率。

关于性的一些常见问题

1. **性冲动**：男性比女性更容易想到性。54% 的男性一天中会好几次想到性，而女性中这一比例仅为 19%。

2. **频率**：根据对夫妻性生活的研究，我们发现男性希望每周有四到五次性生活，女性只希望一周有一到两次。

3. **性幻想**：男性会有更为露骨直白的性幻想，而女性更偏向于浪漫的性幻想。

4. **手淫**：青春期的男生比女生更容易手淫，成年人中也有这种性别差异。

5. 发生性生活的前提： 总体而言，男性会先有性事再和对方产生感情联结，女性则相反，她们需要先对伴侣产生感情，再和对方发生性事。我们采访的 90% 的夫妻或情侣都赞同这一说法。所以，在性生活方面，女性有比男性更多的前提。女性的要求不仅仅包括感情，还有体力、精力、心理等方面的要素，因为有时候她们会感到疲惫，不能集中注意力，没有休息好，对自己或自己的身体没有信心。

6. 接受性邀请的比例： 虽然女性会有更多设限，但是女性答应性邀请的比例和男性相同。心理学家桑德拉·拜尔斯和拉里·海因莱因请男性和女性分别记录自己的性生活，研究发现，男性和女性答应性邀请的机率均为 75%。所以，不管是谁发起邀请（他们的研究发现男性发起邀请的机率更大），响应的比例男女等同。我们都很担心被拒绝，但这不是一个很神奇的数据吗？所以根本没必要有这种担心！

7. 被拒绝了怎么办： 如果伴侣拒绝了你的性邀请，千万不要把这看作是对你这个人的拒绝。在婚姻幸福的夫妻中，如果一个人没这种心情，另一半也不会觉得恼怒或被冒犯。根据我们的研究，你们的兴致不在一个频道上的概率是 25%，也就是说，你们不会双方都有这种心情的概率是 25%。找到一种处理性邀请被拒绝的方式对亲密关系很重要。另外，即便你们在这方面没有达成一致，也要找到一些方法来互相温存。与性邀请被拒绝就产生不安情绪的夫妻相比，那些能接受性邀请被拒绝的夫妻反而性生活更多。这里提供一种应对性邀请被拒绝的方式，即认识到"不"不代表要终结你们之间的联结。听到"不"的时候，你可以说："谢谢你告诉我你现在没有这个兴致。现在你想做些什么呢？你想出去遛弯、聊聊天吗？看电视？拥抱？还是只想聊一聊？或是想自己待一会儿？"如果你的伴侣拒绝了你，不要惩罚他（她），也不要生气和抱怨，尤其是男性，因为他们很不情愿听到"不"。研究表明，男性觉得女性在性上需要他能证明他的男子汉气概。也有一些研究表明，和在性上被拒绝相比，男性宁愿接受工作被炒。

但是，在性之外，如果你们之间缺乏身体上的其他温存方式，如果你们不调情、不建立私密的联结，你们的性生活也会受到影响。前面的章节也提到过，如果你们在情感上很疏远，或者此时矛盾正深，你们的性生活就会偏离应有的轨道。如果你们之间缺乏身体和情感上的安全感，或者其中一方觉得伴侣不够欣赏自己，你们性生活的质量和频率都会大打折扣。试着进入并探索伴侣的内在世界，这样你们的性生活会变得更加鲜活。

维持满意性生活的两大方法：激吻和赞美

有一种很简单的方式可以保持亲密关系中的激情——亲吻。要亲个够，经常亲。每次你们道别和再见的时候都要亲吻对方。我们不是指象征性的飞吻，而是指缠绵的、持续 6 秒钟的吻，是其他旁观者看到后都要脸红心跳的那种吻。当你激吻时，你的身体会释放出大量的激素和神经递质，这会刺激大脑释放多巴胺和催产素，它们会给你带来很不错的感觉。如果你亲吻时全神贯注，你的血管就会膨胀，大脑会得到更多的氧气，瞳孔会放大，脸颊会变红。嘴唇是我们人体暴露在最外面的性欲器官，和大脑的很多区域密切相连。一个激吻会点亮大脑，激活大脑 12 个脑神经中的 5 个。最重要的是，亲吻 6 秒钟后离开对方，当再次回来的时候，你们就切断了和外部世界的联结，你们两个人会重新建立联结，并与你们刚刚创造的新世界联结。在这短短的 6 秒钟内，你们以这种方式告诉对方"你对我很重要"，而且你们再一次选择了对方。

我们上面提到过，根据地球上规模最大的一项研究（那个涉及 24 个国家 7 万人口的研究），在所有幸福的婚姻中，没有任何理由地激吻是拥有令人满意的性生活的关键，这是一个

> **没有任何理由地激吻是拥有令人满意的性生活的关键,这是一个放之四海而皆准的规律。**

放之四海而皆准的规律。基尔·申鲍姆在她的著作《亲吻的科学》中引用了德国一项长达 10 年的研究,研究表明,和那些"告别时连飞吻都没有"的丈夫相比,上班前和妻子吻别的男士的平均寿命要高 5 年,收入也高出 20%。

另外一个保持激情的方式就是用语言表达对对方的爱和赞赏。你不能只是在心里想一想你的伴侣有多好,你需要用语言告诉他(她)。赞赏伴侣的努力、吸引力、智力、工作、技能、幽默感,以及其他任何你爱和钦佩的品质和特点。戈特曼研究所发现,幸福的婚姻里,夫妻进行积极互动的频率是消极互动的 20 倍。也就是说,翻一次白眼要靠 20 次的积极互动来补偿。当伴侣想要得到你的关注时,大大方方地给予吧。同时,用眼神和语言询问对方这一天的进展,谈论那些让对方压力大的事情,倾听对方的话语,并对对方经历的波折共情。你们在一起的每一刻都是你进一步了解伴侣的机会,都能让你们走得更近。

当你们不在一起时,也要互发充满爱意的信息,通过电话或邮件调情。让伴侣知道你在想着他(她),爱着他(她)。这些细微的举动，这些在卧室之外忙里偷闲建立联结的形式更能保持你们关系的激情和新鲜度。安排时间去约会，每天都进一步了解对方，并创建你们建立联结的机制。向对方展示爱意是一件牵动身心的事情——甚至不管你们的身体参不参与，你们的心灵都会进行互动。请相信我们，肢体上充满爱的动作、浪漫的仪式会让你们对对方的渴望与日俱增。

»» 本章精华 ««

1. 浪漫、私密的联结仪式可以保持亲密关系的幸福度和激情。
2. 能公开谈论性的夫妻有更多的性生活，而且女性会更快乐。
3. 大部分夫妻谈"性"色变，但是只要你们尝试，就可以越来越轻松自在地谈论这一话题。
4. 谈论性的最佳时机不是性生活进行时，而是在卧室外面进行"性复习"！
5. 告诉伴侣你喜欢什么，什么让你感到很舒服，而不是告诉伴侣他（她）哪里做得不好。
6. 80% 的夫妻每个月都有几次性生活。合适的性生活频率是你们两个人都能接受的频率。
7. 婚后比恋爱期和同居期的性生活要多。
8. 亲密关系中，性和激情的头号杀手包括：
   - 在性生活之外缺少肢体上的温存、调情和私密的联结。
   - 把性生活排在所有必做事项的末位。
   - 情感上的疏远、激烈的矛盾。

- 缺乏情感或身体上的安全感。
- 筋疲力尽，压力很大。
- 感受不到伴侣对自己的欣赏。

»» 约会进行时：构建满意的性生活 ««

对话主题

探索和谈论私密、浪漫、性。

前期准备

回顾本章所读，并反思阅读过程中这些文字让你产生的关于亲密关系的想法。你们会创造怎样的仪式进行联结？如果你觉得性是个令你难以启齿的话题，请向对方坦承，并探讨背后的原因。

约会地点

你们可以选择在某处共进烛光晚餐，可以是你们最喜欢的、很浪漫的餐厅或是公共场所的私密之处，比如海湾的一个海滩上，或某个公园的隐匿一角。主题是私密、性、浪漫。在选择地点时，可以好好想一想，有没有一处既浪漫又私密的地点？在这次约会开始前，你们还可以做一些热身运动，比如舞蹈、瑜伽，或一起进行一系列的拉伸。

建议

尽可能让这次约会足够浪漫并充满诱惑。如果你们外出约会，穿上伴侣觉得性感的衣服。如果你不知道，可以直接问。你还可以让其他人帮你挑选衣服来赴这次"性"约会。进行对话的时候，记得观察自己的身体；在谈论肢体接触的时候，也请注意你的身体体验。在互问问题的过程中，可以暂停并观察自己和伴侣的身体。你们的心跳动得很快吗？你们的呼吸是快还是慢？你们感到兴奋了吗？慢慢地进行一次身体扫描，慢慢地从脚尖一直到头顶，查看你身体的每一个部分。

在家约会： 如果你们想要在家进行这次约会，可以创造出一片属于你们自己的空间，并尝试以不同于日常生活的姿态在床上约会，或者在客厅约会。如果你们有一个美丽的后院或花园，在那里约会吧（但是也许就要以正常姿态了）。

约会小贴士

带上一个开放的头脑，以及一个坚定的意愿：愿意向伴侣坦承你心底脆弱的一面。对于伴侣的想法，试着用"是的，然后"回应，而不是"是的，但是"。"是的，然后"代表你接受伴侣所说的一切，并带着没有任何偏见的态度即兴回应（"是的，然后"就源自于即兴回应），这样你就可以添加上你自己的想法，并增加你们之间的互相了解。"是的，但是"则会否认伴侣所说的一切。如果你觉得谈论性很难，也许你可以提前在纸上写下你阅读本章时头脑中冒出的想法，然后读给伴侣听。

如何预防摩擦

- 关于性，你喜欢什么？请尽量具体化，不要含糊其词。说出你喜欢的，但不要说出你不喜欢的。
- 不要拿你与伴侣之间的性体验和你与前男（女）友之间的性体验作比较。
- 如果你不知道伴侣所说的性动作指的是什么，可以直接问他（她）。
- 谈论身体结构和性活动时，用你不会觉得难堪的词语。
- 对伴侣感到兴奋的地方抱以开放的思想，不要批评他（她）的任何性幻想。
- 如果在约会结束时，伴侣没有兴致，也要接受，并表示对他（她）的爱意和关心。被拒绝时，千万不要感到愤怒。

约会对话之开放式问题

　　依次互相问答下列问题：

1. 回顾一下我们之前的性经历。你最喜欢的有哪些？为什么？
2. 什么会让你感到很兴奋？
3. 我可以怎样增加我们之间的激情？
4. 你最喜欢我以哪种方式告诉你我想和你有性生活？
5. 你喜欢我抚摸你哪里？怎么抚摸？
6. 你最喜欢进行性生活的时间是什么时候？为什么？最喜欢的姿势是什么？
7. 有什么你想尝试但是从来没有说出口的事情？你期待怎样的性生活频率？
8. 我可以怎样改善我们的性生活？

» 共许今生 «

向对方大声读出这段宣言,并在朗读时保持眼神交流。

我承诺,建立联结、创造我们之间的浪漫仪式,并在卧室外也表达我对你的浓浓爱意,为我们的关系创造更多激情。我承诺,下周每次我们道别、见面时都和你亲吻6秒钟。我承诺,和你谈论、探索性生活,并为之注入新的活力。

CHAPTER 5

爱情的代价

金钱是导致两人产生矛盾的五大导火索之一，而工作和追求金钱又可能成为亲密关系中的"第三者"，耗去你大量的时间和精力，并产生感情中的疏离感。

亚当和特蕾弗刚刚结婚两年出头，但是两人已经同居5年了。他们很期待这次"金钱约会"，因为从他们刚开始约会起，钱就是困扰他们的一个问题。亚当喜欢规划未来，未雨绸缪，而且笃信应该存至少6个月的房租和日常水电等费用，以备不时之用。特蕾弗则认为多余的钱应该用来娱乐放松，并进行终生难忘的人生体验。特蕾弗说："人生短暂，也许明天你就不在这个世上了，为什么要等待呢？我不想要一份遗愿清单，我拟定了一份'活在当下'的清单。"

在他们刚刚在一起的头两年，金钱观念的冲突似乎很容易解决。他们先存一半满足亚当的每月储蓄要求，剩余的则用于特蕾弗所期待的活动——一起出去过一个开心刺激的周末，尝试新鲜事物，比如桨板冲浪。但是当亚当得到了一份遗产后，他们原来比较小的意见不合，慢慢演化为比较大的争执冲突。亚当认为，"这是预算之外额外得到的钱财，所以我想把这笔钱全都存起来。但特蕾弗想要用这笔钱去旅行。我们一直都梦想去东南亚，但是经济状况不允许。我不同意出行，主要是因为我俩都是自由职业者，所以出去旅行的代价不仅仅是费用问题，还有我们的时间成本。"

特蕾弗则说："这是一份馈赠，是我们梦寐以求的旅行得以实现的一个机会。但是我没法让他明白我的观点。另外，他才是继承人，所以我觉得自己只能提提看法。"

"特蕾弗特别不安，"亚当说，"这是一笔不小的钱。我认为这是我们共同的财产，因为我们共享一切。但是我不明白，为什么特蕾弗不把这看成是一个让我们的生活向前迈一小步的机会。而且在我们急需的时候，这笔钱可以让我们有更大的周转余地。我也想要旅行，但是我不想那么长的时间不去工作。我觉得那样风险太高。"

但是，当他们开始探索金钱对对方意味着什么时，干戈化为了玉帛。原来，特蕾弗的父亲在35岁时就去世了。"我父母经常说要带我们出去旅行探险，但是这些旅行总是拖延到某个神奇的未来。'哪天我们去迪士尼'，'哪天我们去夏威夷'。在我爸爸去世的时候，这些被念叨了很多次的神奇探险也随之不了了之。某天永远没有到来。当你即将死去，你永远不会为给所

> **当他们开始探索金钱对对方意味着什么时，干戈化为了玉帛。**

爱的人创造的那些美好经历而后悔，你只会为那些你没有做的而遗憾。"

亚当的父母则从来没有存过钱。"我爸爸失业后，我们的经济状况很糟糕。他没有任何可以依靠的东西：没有储蓄，没有其他任何保障。虽然我们挺过来了，但是没法养家糊口这一点一直折磨着我爸爸。我姐姐12岁就开始工作了，我则14岁开始工作，我们非常拼命地挣钱来贴补家用，承担租金及食物开支。那时候日子特别艰难。最后我爸爸找到了一份很好的工作，而且干得很好，但是我曾经很恨他，因为他没有任何东西来帮我们渡过难关。现在，我爸爸总是问我是不是在存钱，问我如果失业了有没有有备无患的计划。他的恐惧感也在我的内心扎根。这份来自于我祖母的遗产对我来说意义重大，我想要很好地利用这笔钱。"

当亚当和特蕾弗意识到金钱对对方意味着什么，意识到他们的原生家庭在财务方面有着截然不同的模式后，这笔遗产带来的冲突就自然化解了。亚当主动提出去东南亚旅行，但是特蕾弗提议他们只花10%的钱用于旅行，并要努力想办法节省旅行开支。"当我听到他爸爸失业的故事后，我明白了原生家庭带给他的影响。他不是针对我，他只是受到了成长经历的影响。如果我们把钱都花在旅行上，我会于心不安。我可以接受只花一小部分。我认为将来我们在金钱问题上能找到更好的平衡。"

不管你的存款是充足还是捉襟见肘，钱都是导致夫妻产生冲突的五大原因之一。

根据一项采集自 4574 对夫妻的调查，在所有导致夫妻不合的要素中，金钱观的冲突是最致命的导火索[2]。那么导致夫妻不和的其他四大要素是什么呢？是性生活、姻亲关系、饮酒或吸烟等，以及育儿。

除非你有一笔用之不竭的信托基金，否则就绕不开金钱这个话题。对许多进行这八次约会的夫妻而言，他们大量的时间花在了单位或学校。在他们进行约会时，话题总是绕不开时间、金钱、工作，特别是在进行关于信任与忠诚、家庭、娱乐与冒险、梦想的约会时。对于大部分夫妻而言，在金钱方面的冲突基本可分为三个明显的类型：对收入差距的看法不一致，对财务状况的理解不统一，对争执本身性质的定义不同。在这三类中，对争执性质的定义不一最容易导致夫妻分道扬镳。这就意味着财务方面的冲突未必会导致两个人"分或合"，最重要的是两个人谈论他们金钱观冲突的方式。

夫妻需要避免对立性的思维，给对方贴上最常见的两个标签：花钱派和存钱派。

花钱派自认为可以很巧妙地用钱来过快乐的生活，花钱可以生活得舒适、体面、健康，而且为全家带来快乐。存钱派会给花钱派贴上一些标签：挥霍无度，不加思考，冲动任性，奢侈浪费，或者自我放纵。而存钱派则认为自己务实保守，明智淡泊。在他们看来，钱代表成就、安全感、成功、权力，存钱可以免去未来之忧；钱要用来投资未来。花钱派则用吝啬抠门、冷酷自私、愤世嫉俗等字眼来形容存钱派，认为他（她）是不知道怎么享受生活的吝啬鬼。

而事实上，我们在不同的阶段，会在存钱派和花钱派的身份之间进行转换。贴标签很难帮我们搞清楚钱对我们的伴侣意味着什么；而搞明白这一点，有利于我们在起冲突的时候明白怎么解决问题。不管你们是否已婚，都要明白金钱导致的冲突不是关于数字，而是关于金钱的含义。钱可以买来开心，也能买来安全感。任何夫妻或情侣都要努力平衡这两者，且最终目标是平衡金钱代表的自由和权利，以及它所代表的安全与信任。我们都有金钱方面的一份精神遗产：一个代代相传的故事，它告诉我们金钱对于家庭来说意味着什么。

爱情与面包并非不可兼得

我们投入工作的时间、精力、专注度，不亚于我们在亲密关系上的投入。

事实上，工作经常会成为亲密关系中的"第三者"。因此，要和伴侣谈论你对工作和挣钱的热情，这和与他（她）谈论承诺对亲密关系的意义同等重要。亲密关系需要时间，工作也需要时间。有些人错误地认为，必须牺牲其中一个才行。其实根本没必要这么做。什么时候会产生冲突呢？在工作和伴侣同时需要我们而我们难以分身的时候。因此，要找到一种同时满足这两个需求的方式，这才是维系并推进亲密关系的关键。

很显然，如果一个人或者两个人每周工作超过 60、80 甚至 100 个小时，那么根本不会有很多时间和精力去维持亲密关系。一个简单的算术题就能让我们明白这一点。而且就像一句话所说："没有一个人会在临死前说'我应该多花点时间用于工作'。"如果你们中的一个人疯狂地工作，为了发展事业而压力很大，或者愿意以追求事业和挣钱养家的名义牺牲亲密关系，那么这对于维持一段长久的亲密关系就是不利且不可持续的做法。长时间的工作会让人筋疲力尽，极少有时间去建立联结，并会导致在亲密关系中产生孤独感。

约翰和朱莉每年都会进行蜜月旅行。这是他们创造出的庆祝和纪念两人结合的仪式。从结婚之初，他们就开始用这种方式展示对亲密关系的重视：他们可以暂时放下工作、家庭、其他朋友，以及其他"义务"，就为了和伴侣共度二人世界。坚持这个做法绝非易事。他们有时候要忙着进行临床实验，处理研究中的难题，而且有的年份还要写书并在截止日期前完成好几项任务。在71岁时，约翰决定追求事业上的一个梦想——写一本用数学公式和物理学法则来探究爱情的书，来总结他这些年来的研究成果，以指导情感治疗师[3]。这是一项浩大的工程，但约翰喜欢工作时的每一分每一秒。

约翰的原生家庭有5个成员，但所有人都挤在一个单人公寓里。在这种环境下长大的他培养出了超常的专注力，在工作时可以把自己和周围的一切隔绝开。在他聚精会神地工作时，即便你在同一个房间里叫他的名字，他都可能无动于衷。可以说这是他的一个技能。凭借这个技能，他在拥挤的家中长大，获得了博士学位，并可以专心研究爱情实验室里志愿者很微小的特殊习惯和表情。对于写这本书，约翰动力十足，并充满了使命感。而这个使命似乎压倒了他生活中的一切，包括妻子朱莉。

在他们启程进行第14次蜜月旅行的时候，约翰打包了他的数学公式、物理书籍，还有一沓沓的研究文件、图表、复杂的公式。他要在行李中带着这些宝贝，他已经对这项工作如痴如醉了。此时，这是他的工作，也是他生活的重心。过去的一年里，约翰全身心地投入到写这本书上面。在蜜月旅行的头5天，约翰每天都花16个小时用于写书。他沉浸于数学的天堂不能自拔。第5天晚上，他们去了他们最喜欢的意大利餐厅。在柔和的灯光下，一角的钢琴师在弹奏曲子，约翰和朱莉相对而坐。约翰读菜单时问朱莉想要点什么，她想回答"阿尔弗雷多白脱奶油面"，却抑制不住地哭了出来。约翰觉得特别吃惊。她为什么会哭？然后朱莉讲述了过去一年的心酸，以及对过去5天的不满。蜜月之旅的目的本是创造专属于二人的时间和空间，重新建立联结，庆祝他们的相爱，但是约翰几乎全程忽视了朱莉。他很想把研究成果转化成著述，而这种迫切的心情和使命感已经压倒了一切，包括他们的蜜月。

朱莉的眼泪让约翰从数学世界中走了出来。确实,他很热爱自己的工作,而且想要通过这本书使事业更上一层楼,并帮助其他情感治疗师。但是在这一刻他认识到了,他需要在爱工作和爱朱莉间取得平衡。

约翰和朱莉约定每年共度一次蜜月,以建立联结,但是在这次的蜜月之旅中,约翰每天花16个小时用于写书,这显然与他和妻子的约定相违背。作为一位婚姻专家,他对朱莉的情绪竟然浑然不觉,直到她当堂洒泪才明白自己做错了。就在这时,他才醒悟到,尽管他长时间的研究和写作确实对自己有好处,却影响了自己的亲密关系。意识到问题的那一刻是特别关键的。

> 作为一位婚姻专家,他对朱莉的情绪竟然浑然不觉,直到她当堂洒泪才明白自己做错了。

朱莉并没有要求他永远放弃自己觉得很有意义的工作,也没有让他在工作和她中做出取舍,她仅仅希望约翰可以在度蜜月这一周的时间里暂时放下工作。

如果你和伴侣正在创业,这会耗费很多时间和精力。但是只要双方都很清楚伴侣对工作和改善财务状况的决心,并愿意和对方谈论这些，提前达成约定，那么创业未必会影响夫妻关系。况且加班加点工作并不会是常态。很显然，除非我们财务自由，否则我们都需要努力工作以求生存。确实，工作代表收入，但是也代表个人成就、个人意义的实现，甚至代表生活的目标、意义和激情。这些对我们而言也很重要。

婚姻杀手：工作与家务分工

在20世纪50年代，夫妻间极少进行工作和金钱方面的交流。在那个年代，丈夫负责工作，养家糊口，一份工作可以干一辈子，从刚进职场到退休干的都是同一份工作。因为丈夫挣钱，所以家里往往男性说了算。在婚姻关系中，妻子待在家里，负责家庭事务，如管教孩子、做饭、打扫卫生等。媒体甚至强烈宣扬妻子应该在每天的下班时间到门口迎接丈夫，最好手里还捧一杯献给他的鸡尾酒。

但那只是过去的景象，如今是新时代了。

现在，家庭方面发生了巨大变化。在过去的几十年里，曾经的这些传统角色都在悄然变化。现在夫妻双方都要承担起工作和养育孩子的责任。如今，还有一个前所未有的现象：居家主夫——丈夫在家陪伴孩子。当然有的家庭仍是家庭主妇。而更加普遍的现象是夫妻双方都出去工作。因此，他们共同承担家务，或者在理想意义上，应该共担家务。另外，夫妻共享财富和决策权。

史蒂芬妮·孔茨在《往日情节》这本书中指出，虽然美国人对 20 世纪 50 年代很有情结，但是回忆起那个时代时，也会有负面评价。那时，已婚女性经常感到低落、焦虑，总觉得人生不充实，壮志难酬。她们无法经济独立，所以要对丈夫言听计从。有时，她们甚至需要借助药物来调节自己的悲伤和愤怒。此外，不婚主义者、离婚人群及同性恋都被主流社会所不容。

现在，25 ～ 32 岁的美国女性在开始工作时的受教育程度高于同年龄群体的男性。38% 的职业女性至少获得了四年制的大学本科学位，而同年龄群体的男性比例只有 31%[4]。事实上，2015 年，美国的技术专业岗位中，有 51% 是女性[5]。根据皮尤研究中心的研究成果，相较于男性，有更高比例的女性把有一份高薪职业列入"人生最重要的事情"清单。66% 的女性把事业作为人生的重中之重，而持有这种想法的男性仅有 59%。不过，这个研究也发现，男性和女性都认为婚姻幸福大于事业成功[6]。所以似乎在任何时代背景下，爱情都可以打败工作。值得庆幸的是人们不需要在工作和婚姻中做出取舍，二者是相得益彰、相互促进的：婚姻越幸福，工作的满意度就可能越高；反过来，工作上顺风顺水，也有利于婚姻关系——不过研究人员发现这层关联相对来说弱了一些[7]。

还有一种工作很容易导致两人产生矛盾：洗碗、扫地、洗衣服等家务分工[8]。这是一项无报酬的工作。和在外面拿工资的职业相比，这份无报酬的工作更容易激发两个人的矛盾。皮尤研究中心开展的另外一项研究发现，在对幸福婚姻最重要的要素中，合理的家务分工仅次于忠诚度

> **有一种工作很容易导致两人产生矛盾。**

和满意的性生活。家务分工的影响力甚至大于以下要素：收入良好，住得舒适，信仰一致，志趣相投，生儿育女。

如果你们雇人来承担家务琐事，特别是你们有孩子的话，你们每年大约需要支付9万美元。所以，在家待着不外出工作的那位"家庭主妇/夫"应该拿到这么多"年薪"，想一想吧，他（她）需要负责打扫房间、采购、打杂跑腿、照顾孩子等。家务活会耗费很多精力，所以这样的"年薪"并不是夸大其词。不管你们是请人还是决定自己干，都必须完成家务。根

据"时间使用"研究数据，从 1965 年到 2011 年，女性和男性用于工作、家务、照顾孩子（如果有孩子的话）的时间之和基本是均等的：男性是每周 59 小时，女性是每周 58 小时。在 1965 年，男性平均每周花 6 个半小时用于家务和照顾孩子。而在 2011 年，这一时长达到了 17 个小时[9]。与此相比，女性以前每周需要花 32 个小时用于家务和照顾孩子，而随着男性承担更多家务活，这一数值在 2011 年降到了 18 个小时。男性和女性在工作、家务方面的角色在慢慢融合，而且在 21 世纪，怎样分工都没有对错，只要你们两个人都能接受就好。在这个协作式婚姻的时代，夫妻属于同一个团队，你们需要一起决定怎样的分工有利于维系亲密关系，平衡生活。你们还需要知道，分工不是一成不变的。随着你们生儿育女、更换工作，分工都会发生变化；而如果决定支持一方集中精力实现梦想，分工也会随之变化。工作的意义远远大于收入，而且你们对工作和金钱的认知也会随着时间而改变。

当工作挣钱影响亲密关系该怎么办

在不同的人生阶段，工作和追求金钱的含义会发生改变，而在二者之间找到良好的平衡是很难的一件事。你们从事的职业可能会促进关系，也可能会妨碍关系。有时候工作上的各种要求犹如洪水猛兽，会吞噬你们的空闲时间，并影响你们的亲密关系。所以，你们需要有一段足够牢固的关系，来抵抗这些困难。

瑞秋当住院医师的时候，需要工作很长时间，并且需要面对很有挑战性的任务。她睡眠不足，而且和道格很少有共处的时间，他们似乎只能在每周一次的约会之夜才能见到对方。道格支持瑞秋想成为一名外科医师的职业梦想，但是由于经常没有时间相处，没有办法建立联结，两人之间已经产生裂痕。他们都开始心生不满，尽管见面时间很短暂，却经常争吵。虽然他们按照约定保持了约会之夜的习惯，但是在约会时都会感到沮丧甚至孤独。瑞秋回忆道："有一次约会之夜我至今记忆深刻，那次我们连楼下的停车场都没开出去。我们就在车里坐在对方身边，我觉得筋疲力尽，非常迷茫，不知路在何方。在我当住院医师期间，我非常努力，为了我的梦想，为了我们的未来。但是工作压力实在太大，以至于妨碍了我们原有的相处模式。我的生活似乎只剩下了工作。我转向道格说：'我觉得我们恐怕走不下去了。'我觉得我大声说出这句话的时候，我俩都惊呆了。"

但是，在他们坦承内心脆弱的这个时刻，他们开始忘记这段时间的沮丧情绪。两个人都在车里啜泣，为即将失去对方、失去和对方一起所拥有的一切而伤感。这一切都令人难以承受。就在这个停车场里，瑞秋突然醒悟了过来。

"我意识到婚姻对我才是最重要的，如果让我选择，我宁愿放弃医学，从事其他职业。"

对瑞秋来说，在发生危机的时候，她突然醒悟到对人生至关重要的是什么。她没有放弃医学领域，而是告诉住院部主管她需要请一个月的假，因为每周7天，每天24小时随时待命几乎让她的婚姻分崩离析。在这一个月里，她和道格列出了对人生和婚姻最重要的事项清单。排在第一位的是身心健康，其次是婚姻，再次是家庭，在这些之后才是工作和金钱。工作确实很重要，但是他们意识到，对他们而言，工作只能排在人生优先级事项清单的末位。每对夫妻在人生优先级方面都应达成共识，但每对夫妻的列表都不尽相同。

当工作成为爱情中的第三者

在亲密关系中,通常会有一方抱怨另一方工作时间太长。但不管你是拼命工作的一方,还是抱怨的一方,都要清楚完美的爱情需要双方为对方付出时间和精力。两个人有必要好好谈一谈如何分配工作和相处的时间。很多时候,我们"所做之事"和我们的身份、人生目标、自我价值息息相关,所以我们觉得有"义务"工作很长时间。但是持续长时间的工作会让你付出代价,比如在道格和瑞秋的案例中,两人都感到情感上开始疏离彼此,这最终会危及亲密关系。亲密关系中,如果一方需要工作很长时间,致使你们需要"委屈"共处的时间,那么你们需要互相问对方以下问题:

问"工作狂"以下问题:
- 工作对你而言意味着什么?
- 你从工作中可以得到怎样的愉悦感和满意度?
- 工作能满足你的什么需求?
- 如果你不需要去挣钱,不需要去工作,你会怎么打发时间?

问"渴望陪伴者"以下问题:

- 我没有空陪你对你有什么影响?
- 我拼命工作无暇顾及你的时候,你会想念我的哪些方面?
- 在情绪、身体、智力和精神方面,你渴望与我建立什么样的联结?

只要长时间的工作已经妨碍了你们的关系,就可以用上面的引导性问题来帮助你们互相理解对方,而不是陷入争执。

我们利用时间的方式会影响到亲密关系,因此,请花一些时间去反思你通常是怎么度过每天的 24 小时的。画一个饼状图,列出你每天的时间分配。你每天花多长时间在外面工作?花多长时间做家务?每天花多少时间用于建立情感联结?花多少时间陪伴家人(如果家里有孩子、老人的话)?花多少时间独处?现在,可以制作第二个饼状图,写下你觉得你理想中应该为这些活动付出的时间。比如,如果你想每天花 3 个小时用于建立情感联结,花两个小时用于独处,而实际上这两块时间都只有一个小时,那么你就知道你当前的优先级事项到底是哪些,以及你应该在哪些地方做出调整。如果你们在刚刚确立关系的时候就在时间优先级方面达成了一致意见，那么这些时间上的共同价值观可以给你们的相处带来良好的指引。你们已经设立了一个共同目标，而且你们也有了检测你们的时间安排是否偏离既定轨道的指标。

理解彼此与金钱有关的经历

我们和金钱相关的个人经历会对两人的关系产生很大的影响。所以探索你的原生家庭对你金钱观念的影响很重要。贫穷、奢侈、独立、依赖、强大、弱小、慈善、公民责任、成就感……这些分别会激起你怎样的内心情绪？两个人的结合意味着与金钱相关经历的交融，因此两人必须去面对经历交织时产生的碰撞，否则就要应对逃避不同所带来的影响。

第一步是理解你自己的相关过往经历。

第二步是理解对方的相关过往经历。

» 小活动 «

我的原生家庭金钱史

在进行这次约会前,两个人分别完成下列问卷,然后讨论并做出回答。

阅读每个问题并如实回答:

» 你(外)祖父母是做什么工作的,他们的生活是否宽裕?

» 你父母是做什么工作的,他们的生活是否宽裕?

» 你父母对金钱持有怎样的态度?你小时候怎么看待他们在这方面的观念?现在你赞同哪些方面,不赞同哪些方面?

» 你父母在花钱时是大手大脚还是谨慎小心?你小时候是怎么看待他们的金钱观的?

» 你父母会储蓄或投资吗?你小时候是怎么看待他们对金钱的这种态度?

- 你的原生家庭会一起去度假吗？你小时候是怎么看待这些度假活动的？你的家人会在度假时谈钱吗？
- 你的原生家庭有娱乐消费吗？你小时候是怎么看待这些的？
- 你的原生家庭会参与慈善捐赠活动吗？
- 你小时候有零花钱吗？那时候你对零花钱有什么想法？
- 你有怎样的工作经历？
- 对你个人而言，金钱意味着什么？为什么？
- 你父母怎么为你庆祝生日？你觉得方式很特别吗？
- 你过生日会吃蛋糕吗？你小时候看重蛋糕吗？
- 你父母怎么向你表达他们为你而骄傲？或者他们根本不会表露这种情感？
- 你在节日的时候会收到礼物吗？你小时候看重礼物吗？
- 你父母在金钱方面是怎么教导你的？现在你怎么看待这些教育观念？
- 在金钱方面你最痛苦的经历和最开心的经历分别是什么？把它们讲述给伴侣听。

多少钱才算足够？

一本经典著作中写道：有钱人就是钱足够花的人。但是"足够的钱"是一个相对的概念。不管你是捉襟见肘，还是富得流油，钱都可能会引爆你们之间的矛盾。因此，多少是足够？在夫妻俩入不敷出时，在结婚后一方才发现对方有巨额债务时，在一方对经济状况有所隐瞒时，或者在满足家庭财务目标方面难以很好地协作时，两人之间就容易产生矛盾。每个人都有短期的财务目标，比如支付房租，偿还贷款，或者支付家庭日常生活账单。许多夫妻还制定了长期的财务目标。一起做预算可以帮助两人制订出一个满足日常短期以及长期财务目标的计划。两个人都是家庭财务团队中的一员，但是在花钱方面可能各执己见，比如特蕾弗和亚当就在"多少是足够"这个问题上产生了分歧。这是因为不同的人会以不同的方式定义金钱。

> 不同的人会以不同的方式定义金钱。

我们在研究中发现，男女在金钱方面的观念很不一致。女性通常不怎么存钱，而且出生于 1946 年至 1964 年（婴儿潮期间）的女性中，58% 的人退休金账户存款不到 1 万美元。

据估计，现在 25～55 岁的女性群体中，1/3 到 2/3 的女性在 70 岁的时候经济状况会很糟糕，这一数据非常令人震惊。而且对于很多女性而言，有"足够多的钱"代表着可以得到许多东西。女性常常把"足够"的钱等同于爱情、尊重、安全感。她们也常常觉得"足够"的钱意味着被接纳、吸引力和力量。

通常对男性而言，金钱和权力是成功的象征。（根据我们的研究，一些女性也这么想，但是该想法在男性中更普遍）在回答我们的问题时，男性会把金钱等同于能力、责任、养家糊口。他们觉得"足够"的钱代表力量、独立、成熟、竞争力、社会权力、胜利。

在维持花销、储蓄、投资之外，金钱还有其他含义，它不仅仅代表一串数字。因此，有必要思考金钱对你而言意味着什么，并理解金钱对伴侣的意义。

≫ 小活动 ≪

足够的钱对我意味着什么

你和伴侣应该分别完成下列问卷,然后讨论下列事项。

阅读每一个条目,圈出相关的数字,这些数字代表赞同/不赞同的程度。

5= 强烈赞同   4= 赞同   3= 不赞同也不反对
2= 反对   1= 强烈反对

足够多的钱意味着拥有权力。
5   4   3   2   1

足够多的钱意味着独立。
5   4   3   2   1

足够多的钱意味着强大。
5   4   3   2   1

足够多的钱意味着不必依靠他人。
5   4   3   2   1

足够多的钱意味着责任。
5   4   3   2   1

足够多的钱意味着可以放松生活,不再忧虑。
5   4   3   2   1

足够多的钱意味着有时间去做我喜欢做的事情。

5   4   3   2   1

足够多的钱意味着可以享受奢华的生活。

5   4   3   2   1

足够多的钱意味着有能力去创造。

5   4   3   2   1

足够多的钱意味着有能力分享给他人。

5   4   3   2   1

足够多的钱意味着爱、关怀和吸引力。

5   4   3   2   1

足够多的钱意味着安全稳定。

5   4   3   2   1

足够多的钱意味着感到自己很有能力。

5   4   3   2   1

足够多的钱意味着拥有控制权。

5   4   3   2   1

足够多的钱意味着正面积极的自我形象。

5   4   3   2   1

足够多的钱意味着令我自己和他人满意。

5   4   3   2   1

足够多的钱意味着努力付出得到了回报。
5　　4　　3　　2　　1

足够多的钱意味着我是一个成功的成年人。
5　　4　　3　　2　　1

足够多的钱意味着可以避免压力。
5　　4　　3　　2　　1

足够多的钱意味着可以偶尔自我放纵一下。
5　　4　　3　　2　　1

足够多的钱意味着感觉受到尊重。
5　　4　　3　　2　　1

足够多的钱意味着能承担一个成年人的责任。
5　　4　　3　　2　　1

足够多的钱意味着对异性更有吸引力。
5　　4　　3　　2　　1

足够多的钱意味着很高的自由度。
5　　4　　3　　2　　1

足够多的钱意味着我可以拥有友谊。
5　　4　　3　　2　　1

够多的钱意味着感到充实、舒适。
5　　4　　3　　2　　1

足够多的钱意味着可以填补我生活中的空虚。

5 　　4 　　3 　　2 　　1

足够多的钱意味着我可以快乐。

5 　　4 　　3 　　2 　　1

在你们了解了各自和金钱相关的过往经历有哪些相同点和不同点后，就更能明白该怎么处理金钱导致的分歧。通过上面这个小活动，你们可以明白各自如何定义"足够多的钱"，还可以更加深入地了解金钱对伴侣的意义。另外，好好想一想你们在"关系财富"上各自的付出，比如花多少时间用于陪伴对方、承担家务，或者能为共同的家带来多少收入。

搞明白对方的金钱观和金钱史，永远不嫌早也不嫌晚。想要拥有一段持续一生的高质量的亲密关系，就要感激你所拥有的，感激各自的贡献，并感激你们正在建设的一切。两个人会给金钱赋予不同的含义，所以在亲密关系中会有不同金钱观的碰撞，但是两种观念绝没有对错之分。有必要花一些时间好好讨论一下该怎么避免由花钱和存钱所导致的分歧，并找到一些方式让这两种不同的金钱观和谐共存。

» 本章精华 «

1. 金钱是导致两人产生矛盾的五大导火索之一。
2. 每个人都会受到原生家庭经历和金钱观的影响。你们需要做的是理解对方,而不是给对方贴标签,或者要求对方拥有和你一致的观念。
3. 除了婚姻和家庭外,工作是你生命中的另外一项大事。
4. 工作和追求金钱可能会成为爱情中的"第三者",耗去你大量的时间和精力。平衡好爱情和工作,对完美的爱情至关重要。
5. 重要的不是金钱,而是金钱对彼此的意义。
6. 共同分担家务是爱情完美的另外一大要素,仅次于忠诚和满意的性生活。
7. 如果其中一人工作压力巨大,工作时间很长,很可能会导致彼此产生孤独感,从而引发疏离,甚至最终拆散两个人。
8. 寻找金钱对各自的意义有助于解决你们因金钱而产生的矛盾。
9. 感激你现在所拥有的,感激各自对亲密关系的贡献。

» 约会进行时：工作与金钱 «

对话主题

我们是怎么把各自的价值观带到亲密关系中来的？我们和工作、金钱相关的经历有哪些？有足够的钱对我们各自意味着什么？

前期准备

在进行这场约会前，阅读这一章节，想一想在工作和家务方面，你比较赞赏对方的 3 个点——这几个点推动了你们的关系或者有利于你们的家庭。你需要在约会开始的时候和伴侣分享这 3 个点。完成"我的原生家庭金钱史"问卷和"足够的钱对我意味着什么"问卷，准备好讨论这两个问卷。

约会地点

这个约会应该没有花费或者尽可能少花费。如果自确定关系以来，你们的收入增加了，试着做一些你们收入未增加时的事情。如果选择去餐厅，去一家你们都喜欢但是价格又很实惠的餐厅。

建议

可以考虑去一家五星级酒店的大厅对话。你们应该去任何一个能让你们觉得舒服富足的地方（不管你们怎么定义舒服富足）。要充满创意地选择地方。你们还可以带着毯子去公园野餐。

在家约会：午餐时，点上你们最喜爱的餐厅的外卖，边吃边讨论问卷。穿得精致一些，用质地良好的瓷器，把自己打造成居家奢华范儿。

约会小贴士

带上本章两个问卷的答案，这样就可以互相比较答案并讨论。准备好分享你的金钱史，你们各自和工作、金钱相关的经历和观念，并分享金钱对你们的意义。

如何预防摩擦

- 请记住，这个话题跟做预算、花钱，以及任何和数字相关的事情都无关。你们只需讨论金钱对各自的含义，并坦诚公开地谈论金钱和工作。
- 不要评判伴侣的金钱观——在怎么看待钱、怎么处理钱方面没有对错。
- 永远不要低估伴侣工作的压力。
- 关于家务，坦诚地说出你所做的、没有做的，而且不要把你的工作量和伴侣的进行比较。

- 允许自己对金钱抱有幻想。
- 关注你所拥有的,而不是你所没有的,不要关注过去所做的和金钱相关的错误决定。
- 当对方分享和金钱相关的梦想时,不要表示不赞同或是排斥。对方分享任何梦想时,我们都应该倾听,表示支持,并在不懂的地方发问。

约会对话之开放式问题

1. 和伴侣分享你在本章"前期准备"中思考的赞赏伴侣的 3 个点。
2. 讨论本章两个问卷的答案。
3. 讨论你目前对拥有什么充满感激。
4. 现在你对工作有什么感觉?
5. 想象一下,你的工作未来会发生什么变化?
6. 在金钱方面,你最大的担忧是什么?
7. 什么条件下你才能安全放松地谈论花钱和挣钱的方式?
8. 你思考金钱问题的频率是多少?(1= 永远不,10= 总是)
9. 当你为金钱而担忧时,我可以做些什么让你觉得更有安全感?
10. 在金钱方面,你有怎样的梦想和希望?

» 共许今生 «

向对方大声读出这段宣言,并在朗读时保持眼神交流。

我承诺,尊重你的金钱观和工作观,并和你一起为共同的财务目标努力。

CHAPTER
»»6««

成长的空间

把我们的关系放在第一位,把孩子放在第二位。因为我们可以为孩子做的最好的事情,就是我们牢固的婚姻关系,使孩子能生活在一个父母恩爱的环境中。

"当你不知道以后会发生什么时，真的很难去谈论家庭生活。大家都知道家庭是最重要的，但是到底什么是家庭？是只有你和伴侣两个人，还是可以有和家人一样的朋友，或者还有孩子？我想要1个孩子，"贾马尔说，"但是只要1个，世界人口实在是太多了。我不知道我理想中的家庭是什么样子，但是我希望和我的原生家庭相反。"

贾马尔和露西安娜已经订婚，并打算明年结婚。他们都来自子女比较多的家庭，都想要孩子，但是他们在要多少孩子上还没有达成一致。"1个孩子太孤单，"露西安娜说，"2个孩子太千篇一律，我觉得3个最完美。这样就组成了一个大家庭，又不会过于拥挤。"

但是贾马尔强烈反对，他觉得应该只要一个孩子。"在我家里，孩子永远得不到足够的关注。我家有5个孩子，我父母似乎总是处于财务危机模式，一直忙得团团转。他们很爱我们，但是我觉得因为孩子太多，他们总是要操劳家庭成员基本的生存问题，而顾不上关注别的。很多时候我们都待在家里，大部分情况下是因为没有足够的钱让我们中的任何一个走出家门，这绝不是我所认为的高质量生活。我父母都有工作，我认为我母亲的工作时间比我父亲的更长。他们总是筋疲力尽，我搞不明白他们为什么要生这么多的孩子。"

露西安娜有3个兄弟姐妹，她的母亲不外出工作。"她是一个传统的家庭女性，总是能充分参与我们的教育和社交生活中，而且她很爱母亲这个身份。我们总是在一起吃晚餐，厨房里挂着一个很大的日历，我母亲会在日历上安排好我们的日常活动和体育运动。她特别擅长管理人，我敢发誓她有当CEO的才能。她从来没有表现出压力很大的样子，或者表现出她错失了人生的什么机会。即便是现在，孩子们都不在家了，她的生活也特别充实，她总是外出当志愿者，并在基督教青年会教书。她真的很爱孩子。我觉得如果我父亲能力足够，她可能会生10个孩子。但是我父母总是强调孩子要独立自主，从我们学会走路起他们就教导我们要独立。在大学里，我有朋友不知道该怎么洗衣服或煎鸡蛋，我觉得这实在是太难以理解了。我想追求我的职业梦想，但是我觉得可以一边从事自己所喜爱的工作，一边给予孩子足够的陪伴时间和关注度，所需要的不过是一个很大的日历而已。"

贾马尔和露西安娜在要孩子方面达成了一致，而是否要孩子这一点也是决定关系成败的一个要素。"我不会和一个'丁克主义者'在一起的，"露西安娜说，"但是我觉得孩子的数量是可以商量的，我们都不知道以后的生活会是什么样子，我们只知道生活会发生巨大变化，或许是我们难以预知的疯狂变化。所以我觉得虽然我现在想要3个小孩，以后面对现实的时候我也许会改变主意。"

但是，在以后怎么教育孩子，以及在把孩子培养成什么样的人方面，他们之间存在分歧。"我希望我的孩子能努力工作，"贾马尔说，"我希望他或她能善良，无私，不要贪婪或骄纵。"

露西安娜则希望他们能在教育上有很长远的发展。"获得硕士学位或是更高的学位。我想让他们重视学业，热爱学习。"

贾马尔开始皱眉头。"如果要3个孩子，这要花很多钱。除非我们能让其中两个不那么看重学业。但是作为父母你能这么干吗？考虑到教育支出，我们更应该只要一个孩子！"

露西安娜笑了起来。"我希望他们能像你一样幽默外向。你真的很擅长社交，我希望他们和不同群体的人都能很好地相处。我比较害羞、内向，但是你很擅长和不同的人打交道，我希望他们在这方面能随你。"

贾马尔则希望孩子能继承露西安娜自信坚韧的品格。"她永不服输,对认定的东西总是那么坚韧不拔。我希望我的孩子能拥有她这种品质。或者是孩子们,因为她是不会放弃要3个孩子的想法的。"

贾马尔和露西安娜能相互妥协,并带着幽默感来讨论要多少孩子,这让我们能预测出他们之间不会有太大的矛盾。他们都很开放、灵活,并能真正理解对方的想法。我们希望你们也能以同样的幽默感和灵活度来讨论这一话题。

对不同的人来说,家庭的含义不同。传统意义上对家庭的定义是:志趣相投的丈夫和妻子、两个孩子、书架、电视机和一个围着白色栏杆的房子。但是如今,家庭的含义已经更加多元化。可以有亲生子女、继子女、收养的孩子、寄养的孩子,甚至没有孩子,或者家里还可以住着你丈夫那永远长不大的最好的朋友。现在还有同性夫妻以及变性父母。另外,家庭里或许不仅有你和伴侣,可能还有亲戚、宠物、密友。所以,家,其实可以定义为:无论你在哪儿,和谁在一起,你都可以感到被爱,有归属感和安定感。

不管是现在还是未来,你怎么定义家庭都取决于你和你的

> **家，其实可以定义为：无论你在哪儿，和谁在一起，你都可以感到被爱，有归属感和安定感。**

伴侣。因此，你们需要谈论家庭的含义，以及你们理想中的家庭是什么样子的。如果你们计划要孩子，要讨论怎么用婚姻中的爱来互相滋养，并把这份爱扩展到滋养孩子，对此你们要事先达成相互理解。现在讨论这些事情能免去以后的很多麻烦。

我们前面已经提及，婚姻中，如果一个人想要孩子，而另一个人不想，那么，这段关系可能会终结。如果你结婚的时候觉得日后可以让伴侣改变看法，那么你以后很可能会失望。所以，和现在应该讨论以后要不要孩子一样，你们也应该事先讨论想要几个孩子。如果一个人认为要 1 个孩子就好，但是另一个人觉得家里最理想的景象是每个房间都放 3 张双层床，养的孩子可以组成一个棒球队，说明你们在生孩子方面存在很大的分歧。如果你们现在不面对这个分歧，以后可能会滋生更大的矛盾。

有孩子是件很幸福的事情，孩子也是父母生命中的挚爱。但是养育孩子要耗费很多精力和金钱。数据表明，对于一个年平均收入大约为 6 万～10 万美元的中等收入家庭来说，如果想把一个 2015 年出生于美国的孩子养到 17 岁，平均花费是 233610 美元[10]。而如果你们两人的年收入加起来超过

105000 美元，那么你们把一个孩子养到 17 岁的平均费用会高达 407820 美元。现在把这个数字乘以你们想要的孩子数目，看一看是多少。注意，这个数字还不包括大学的学费。在一些国家，政府能提供一些优惠政策，这样在孩子上大学时不至于让自己或家庭负债；但是在美国，如果想获得一个私立大学的学位，需要承担比较高昂的成本：每年的学费、生活费、住宿费、书本费等加到一起差不多是 8 万美元。也就是说，一个孩子大学四年下来需要花费 32 万美元。

伴侣第一，孩子第二

当我们这些作者考虑要孩子的时候，我们想到了牺牲和爱。当你们拥有了爱情的结晶后，你们就会付出深远无私的父爱和母爱。人们常说，父爱如山，母爱如水，其实任何文字都难以准确形容父母对子女之情。爱上自己的伴侣是一件事，爱上孩子则是另外一件事：当你怀抱新生儿的那一刻，会觉得自己好像是被陨石砸中，瞬间就爱上了眼前的这个小生命。毫无疑问，你的孩子需要、要求，并且值得你的爱、时间和关注。但是这不应该以牺牲你最重要的婚姻为代价。

名人夫妻朱利亚娜·黛班蒂和比尔·兰契奇（美国真人秀明星夫妇，比尔·兰契奇因参加美国真人秀《学徒》一炮走红；朱利亚娜·黛班蒂则是美国电视栏目《E! News》的主持人。两人初次相识是在朱利亚娜的节目上）在接受《美国周刊》杂志采访时说道："我们把婚姻放在第一位，把孩子放在第二位。"这激起了媒体的轩然大波，讨论他们是否是"称职"的父母。下面这段话没有出现在新闻标题中，却是对标题的注解：

> 我们是夫妻，但我们也是最好的朋友。很有意思的是，很多人在有了孩子之后会把孩子放在第一位，把婚姻放在第二位。一些人可以接受这样的模式，但是对我们而言，我们把婚姻放在第一位，把孩子放在第二位。因为我们可以为孩子做的最好的事情就是我们牢固的婚姻。

兰契奇夫妇不是唯一引发"有孩子后，应该把什么放在首位"争论的名人。大约10年前，阿耶莱·沃尔德曼（美国小说家，2006年出版的《爱与其他不可能的追求》被评为当年全美独立书商协会年度好书，并连续7周蝉联《旧金山纪事报》、独立书商协会、NCIBA 畅销书排行榜)在《纽约时报》上发表了一篇题为《真实地，疯狂地，内疚地》[11]的随笔，这在当时激起了众怒。在这篇文章里，她（内疚地）坦承了她爱丈夫胜过爱自己的孩子。她说如果失去了其中的一个孩子，她还能继续生活下去，因为她还有丈夫——小说家迈克尔·夏邦（美国小说家，2001 年普利策小说奖得主、2008 年星云奖得主、《蜘蛛侠 2》编剧）。在文章里，她以惋惜的口吻说在她所处的妈妈圈，她是一个另类，因为在有了孩子之后，她还能关注自己的丈夫并保持相对频繁的性生活。"为什么在所有变成母亲的女性中，我是唯一没有做出称职母亲应有转变的那位？为什么我是唯一不能把孩子放在自己充满激情的宇宙中心的那一位？"

如今，大家还在就她 2005 年所写的这篇文章进行热议。现在她仍然很坚持自己的立场："婚姻才是孕育孩子的基础，如果你把所有的情感都倾注在孩子身上，忽视了婚姻……最终你不得不自食苦果。我虽然不是一个完美的母亲，但是我很骄傲的一点是，我的孩子生活在一个父母恩爱的环境中。"

沃尔德曼很有远见，她深知在孩子长大之后要面临什么样的境况，我们这些婚恋关系研究人员也都知道这一点。孩子终究会有离开家的一天，这时，家里就又只有你们两个人了。如果你们没有维持亲密感，没有维持情感的联结，那么就难以称得上是亲密关系了。

兰契奇夫妇和阿耶莱·沃尔德曼夫妇并不自私或疯狂，他们只是走在了前端——下图所示的 U 型图的前端。

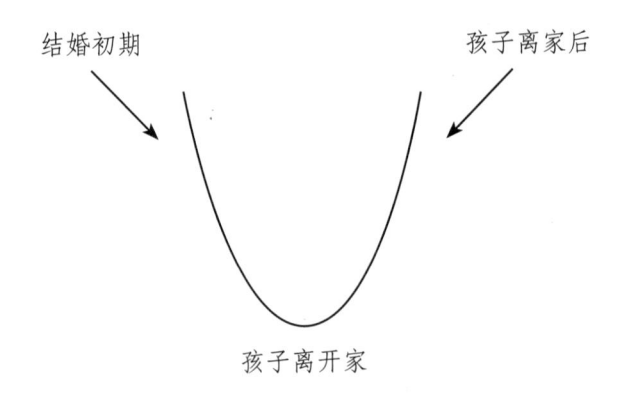

结婚初期　　　　　孩子离家后

孩子离开家

婚姻满意度曲线

社会学家欧内斯特·伯吉斯是第一批研究夫妻关系的学者之一。在 20 世纪 30 年代，他试图用一种科学衡量的方式来预测婚姻的成功率。通过对夫妻进行的纵向研究，他发现，从新婚开始，婚姻满意度随着时间的流逝呈现出一个 U 型图。

在婚礼后，婚姻满意度就开始下降；在第一个孩子到来后，会快速下降到一个谷底；之后每个孩子的到来都会推动这个曲线下降到一个新的谷底。如果夫妻在最低点的时候没有选择离婚，婚姻满意度曲线就会在最大的孩子离家后开始上升。这个曲线不仅仅适用于 20 世纪早期，现在也适用。

根据我们对新婚夫妻进行的纵向研究，对于婚后 4 年内有孩子的夫妻，67% 的夫妻的婚姻幸福感会在孩子出生后的前 3 年极速下降。观察者在评估夫妻发生矛盾的视频时，并不知晓视频里的夫妻是否有孩子，但是能观察到有孩子的夫妻会争吵得更加激烈，矛盾更多。

但是，有 1/3 的夫妻是例外。在有孩子之后，他们的婚姻幸福感并没有下降。因此，我们密切关注了这两组夫妻在婚礼后 3 个月内的举动。根据对比夫妻在有孩子前后的相处差异，我们是否能够预测出哪些夫妻日后的幸福度会更高呢？我们在这项针对异性夫妻的纵向研究中发现，如果丈夫更加尊重妻子，更能接受妻子的影响和意见，那么在孩子出生后，婚姻满意度就更有可能维持原有的水平。这些男士在妻子孕期也表现得和其他男士很不一样。他们能积极参与进来，和妻子腹中的孩子说话，赞美自己的妻子，告诉妻子她很美，很懂得照顾两个人尚在子宫中的孩子。约翰和朱莉曾举行过一个为期两天的研修班,帮研修班 77% 的夫妻逆转了婚后满意度的下降,之后他们把这些研究和实践经历写成了一本书——《孩子的到来:我们仨》。

如果你们决定要孩子,并希望跳出 U 型图的魔咒,那么你们两人都需要设定两个主要的目标:

一是两个人都要在孕期和孩子出生时积极参与,给予新生儿均等的陪伴。研究发现,对夫妻而言,父亲的参与至关重要,而让父亲积极参与照顾孩子的一大驱动力是夫妻关系良好。如果夫妻之间较少产生矛盾,保持正常的性生活,父亲就愿意参与照料孩子,夫妻也就更有可能维持婚姻的幸福度。

如果你们决定要孩子,并希望跳出 U 型图的魔咒,那么你们两人都需要设定两个主要的目标。

二是两个人要以亲密关系为重,注重维持亲密感和联结。如果你们做不到,可能就会跌到 U 型图的底端,并在这里挣扎 18 年才能往上爬(如果你们没有选择离婚)。为了维持亲密度,你们需要互相倾诉自己面临的压力,抽出时间来建立联结(约会之夜!),并避免自我防卫、批评指责、蔑视对方、向对方关闭自己的世界,或把自己从你们共同的世界里抽离出来,以致两人心生嫌隙,渐行渐远。如果不知道怎么办的话,可以复习前面讲述"矛盾"和"性生活"的章节。

养育孩子会遇到的问题

关于要孩子,一些夫妻最大的担忧就是这可能代表性生活的结束,而且意味着你们不会再有时间进行浪漫的活动、旅行、实现远大的梦想,你的婚姻和事业都会受到影响。这些事情确实会发生。我们之前已经提到过,2/3 的婚姻会出现这种场景。还记得前文中加州大学洛杉矶分校的斯隆家庭日常生活中心开展的那项研究吗?该中心花了 4 年时间研究年轻夫妻家庭——那些 30 多岁有孩子的夫妻。夫妻在去卧室睡觉前,每天晚上只有 10% 的共处时间。大部分时间,他们要分别照看孩子,忙家务,处理工作等。大部分夫妻对话的话题都是家务和其他要去完成的任务。如果你们想要孩子,需要规划出特定的二人世界的时间,以继续维持令你们满意的性生活,并继续有益于建立联结和增进亲密感的仪式。父母所能给孩子的最好礼物就是父母彼此相爱,这是孩子日后人生的基石。

»» 本章精华 ««

1. 如今，家庭的定义日趋多元化。现代家庭里可能有亲生孩子、收养的孩子、寄养的孩子，甚至没有孩子，还可以有宠物、朋友、亲戚。

2. 是否希望要孩子可以决定两个人最终会不会走到一起。坦诚地说出你是否想要孩子，想要几个孩子。不要在进入婚姻前幻想着结婚后你能改变伴侣在这方面的想法。

3. 把一个 2015 年出生于美国的孩子养大成人，家庭的平均花费是 233610 美元，这还不包括上大学的费用。

4. 你最重要的关系是你和伴侣的关系。

5. 在孩子出生后，将近 2/3 的夫妻的婚姻满意度会急剧下降；之后每要一个孩子，满意度都会再次下降。

6. 为了避免婚姻满意度的下降，父亲需要积极参与：从孕期、孩子的出生到照料新生儿。此外，夫妻需要减少矛盾，并维持正常的性生活。

约会进行时：家庭观

对话主题

成立家庭对我们各自的含义是什么？我们想要孩子吗？对我们的关系而言，家庭代表什么？

前期准备

回顾本章所读，并反思你在阅读时的相关想法：家庭对你的含义是什么，你理想中的家庭是什么样子的。

约会地点

公园、操场、游乐园，或者任何可以看到孩子和家人在一起玩乐场景的地方。找一个安静的地点，在此你们既可以看到其他家庭的活动，也能关注到对方，并进行对话（不过如果你们没有孩子，可能很难进入某些公园或操场）。如果你们想要在去外面吃晚饭的时候对话，选择一家家庭友好型餐厅。

建议

约会之时最好可以看得到孩子、其他的家庭，这样你们就更容易想象以后一家人在一起的场景，坚定要孩子或不要孩子的想法。

在家约会： 每个人都做一份童年最爱吃的食物，如土豆片、通心粉和奶酪，或者把早餐当晚餐吃。一起吃这种共享型晚餐，并在吃饭时和伴侣分享自己童年时的照片。

约会小贴士

不管是否想要孩子，都说出你的想法：想要一个怎样的家庭；如果想要孩子，如何保证让你们两个人的关系成为生活中的重中之重。

如何预防摩擦

>>> 对伴侣的家庭观持开放态度。

>>> 如实说出你是否想要孩子，想要几个孩子。

>>> 不要批评伴侣的家人——不管是他（她）的父母还是兄弟姐妹，或是他（她）视为家人的人。

>>> 如果你们已经有孩子了，向对方表达和你一起养育孩子的感谢之情。

>>> 说出你的家庭观，以及你在这方面对伴侣的需求，但永远不要批评对方的观念和需求。如果你们已经有孩子了，不要批评对方养育孩子的方式。

约会对话之开放式问题

　　请互问下列问题:

1. 你理想中的家庭是什么样的？只有我们俩吗？还是除我们之外，还有我们的朋友、亲戚？如果想要孩子，你想要几个？
2. 你父母在有孩子之后是怎样维持他们之间的亲密感、爱情、感情浓度的？他们有哪些地方做得好，哪些地方做得不够好？

　　对计划要孩子的夫妻:

1. 未来在维持我们的亲密感方面，你认为我们会面临哪些问题？
2. 你为什么希望我们一起为人父母？你喜欢其中的哪些点？
3. 你希望我们的孩子能拥有我的哪些特点或品质？

　　对没有计划要孩子的夫妻，或者孩子已长大离家的夫妻:

1. 我们该怎样创造一种家庭感？
2. 你觉得谁是我们最亲密的家人（可以是朋友或亲戚）？你想和我们的家人或最亲近的朋友一起做什么事情来深化我们之间的关系？

》共许今生 《

向对方大声读出这段宣言,并在朗读时保持眼神交流。

我承诺,一起创造出一个充满爱的家庭。如果我们有了孩子,我承诺不去制造破坏性很大的矛盾,并继续以我们的关系为重。

CHAPTER 7

让爱情充满新鲜感

如果你们不能记得上次一起有兴奋感或好奇感是什么时候，或者不记得上次究竟是什么时候感觉到令人兴奋的事情即将发生，说明你们的生活中缺少玩乐与冒险。

当你们一起娱乐的时候，当你们为生活注入一些冒险元素的时候，你们的生活和关系的质量会更高，更加明媚，更加有趣。还记得你们俩最近一次尝试新鲜事物是什么时候吗？还记得你们最近一次去冒险是什么时候吗？还记得你们上次一起开怀大笑是什么时候吗？还记得你们上次一起做一些蠢事是什么时候吗？如果你不记得了，说明你很需要为生活增添一点玩乐的色彩。对于你们的关系而言，玩乐必不可少，至关重要。很简单朴实的一个道理就是——能玩到一起的两个人能长久在一起。

对亲密关系最大的误解之一就是：如果你们想要有一段很成功的关系，那么你们应该就娱乐与冒险达成一致意见。当然，如果你们有一致意见是很好的，但是如果无法做到意见统一也没有关系，最重要的是要找到你们可以一起玩乐的所有方式，并且在分别参与冒险活动时能理解并支持对方。

> 对亲密关系最大的误解之一就是：如果你们想要有一段很成功的关系，那么你们应该就娱乐与冒险达成一致意见。

很多亲密关系的建立通常始于在一起玩乐与冒险，然而，一起娱乐总是被我们列为最后需要去做的事项。长时间的工作、照顾家庭的需要以及生活的压力，都会排挤亲密关系中的乐趣。

霍华德·马克曼是丹佛大学的心理学教授，他同时也担任婚姻与家庭研究中心的联合主管，他说："娱乐和婚姻满足度呈高度正相关关系，你为娱乐活动、双方的友谊投入得越多，双方的关系就会越幸福。"马克曼和研究中心另一位联合主管斯科特·斯坦利基于"娱乐与友谊比例"制作了一份调查问卷，并根据这一问卷从1996年起开展了一项长期研究，收集了丹佛地区300多对夫妻的数据。虽然研究结果还未公开发表，但是他们的发现是不言自明的——那些一起玩乐、大笑并在日常生活中"创造游戏"的夫妻过得更加幸福。

一起娱乐，一起参加活动，并一起大笑，可以让关系更加牢固、幸福和健康。纽约州立大学石溪分校的心理学家亚瑟·阿伦研究了参与新的活动会如何影响双方在感情中的体验。他发现，参与的活动越新鲜，就越能激起对方的兴趣，两人也就越能从关系中获得幸福感。人们在体验新鲜事物时的那种心情会传染给自己的伴侣，所以如果你们很喜欢和伴侣一起玩乐，伴侣也一定会感到开心。当然，这里所说的不是纸醉金迷的那种娱乐，而是对一段幸福成功的关系很有必要的那种娱乐。

玩乐的意义不在于只是和对方待在一起，而在于建立和对方的联结。当两人一起玩乐时，他们也在培养对彼此的信任感和亲密感。就像孩子们通过玩乐学会合作，你们也可以通过玩乐培养合作的默契度。不管是一起放风筝，去野营，还是玩棋类游戏，只要你们一起玩乐，你们就创造了共同的意义和乐趣，这也会让你们之间的联系更加紧密。

美国国家游戏研究所的创建者斯图尔特·布朗博士的研究成果指出：玩乐是"一种引人入胜、没有目的的活动，能让游戏者暂时放下自我意识和时间观念，全身心地享受快乐"。布朗相信："没有任何事情能像玩乐一样点燃大脑；而且玩乐不是孩子的专利，大家也要活到老，玩到老。"

这些研究对我们的亲密关系和追求终身的幸福意味着什么呢？布朗说："玩乐能为成人之间的亲密关系注入新鲜感。"而下面的这些行为标志着你们在为关系注入新鲜感：有幽默感，喜爱新鲜事物，能够轻松愉快地分享一些具有讽刺意味的事情，喜欢互相讲故事。一旦你们参与到这些有玩乐意味的交流和互动中,就能营造出一种轻松的气氛,由此建立密切的联结,并得到亲密关系更多的回报——真正的亲密无间。

所以,尽可能地找到一些方式玩到一起,这能让你们的关系茁壮成长,也能让你们在经营这段关系时充分享受乐趣和幸福。

玩乐是促进亲密的灵药

玩乐对于情绪的意义就是能让你们开怀大笑。你们可以在洗碗的时候玩乐,可以在修剪草坪的时候玩乐,甚至可以在"为两人的关系努力"的时候玩乐。玩乐不是刻意的,玩乐是充满乐趣的,玩乐是一种态度,玩乐能增进友谊,玩乐也是我们存在于这个世界的一种方式。

在你们进行约会的初期,你们也许会用很多时间去玩乐,因此那时候的约会很新鲜很刺激,充满了冒险意味。在玩乐的基础上,你们收获了友谊和爱情。在你们进入一段"正式"或长期的亲密关系后,并不一定要终止这

> 玩乐不是刻意的,玩乐是充满乐趣的,玩乐是一种态度,玩乐能增进友谊,玩乐也是我们存在于这个世界的一种方式。

些活动。事实上，这个时候你们应该做出进一步的努力，把玩乐融入你们的日常生活中，融入你们的关系中。

金今年20多岁，刚刚订婚，她说："一开始每件事情都是那么刺激。我们约会的时候一起计划那些有趣的事情：冲浪，去游乐园，听演唱会，或一起去看棒球比赛。现在我们已经同居并在筹划婚礼，但是当我们都有空闲时间的时候，似乎只是看看电视或是去看看电影，我们不再像以前那样努力去体验新鲜事物，我很担心我们最终会像饭店里坐着的那些老夫老妻，对对方而言毫无新鲜感。"

金的担忧并不是个例，许多夫妻确实因为忽视了玩乐而使关系慢慢变淡。

也许是一种天生的机制，我们的大脑似乎需要玩乐与冒险来维持我们身体的健康，而这种冒险或寻觅体系也是所有哺乳动物的驱动力：正是动物内在的寻觅体系驱使一只麻雀去闻一颗坚果，或者驱使所有的动物去寻求新的环境，并寻找他们所赖以生存的资源。人类也有一个寻觅体系，通过这一体系我们去探索并保有好奇心。在内在原始寻觅体系的驱动下，动物会寻觅食物，寻找配偶；人类则在更加发达的寻觅体系的驱动下，寻觅新的体验、新的理解，以及新的意义。同时，我们还寻觅这些全新经历带给我们的"奖赏"和快乐。

当你感到愉快、刺激或兴高采烈时，你大脑中名为"奖赏系统"的神经网络就开始运作，此时的大脑线路会通过腹侧被盖区、基底神经节、前额叶皮质、伏隔核连接很多地方。这一系统也和学习密切相关，会调动我们的主观能动性，促使我们去寻求生命中新鲜和刺激的事物。多巴胺是奖赏系统中的主要神经传递素，当大脑中有足够的多巴胺时，你会感到极度兴奋，并觉得将会发生一些美妙的事情。当你最喜欢的球队赢得比赛时，当你的爱人吻你时，当你的老板表扬你时，你所经历的那种喜悦都源自于多巴胺对大脑奖赏系统的刺激。当你们一起去体验一个新鲜的未知领域时，多巴胺就会充斥你们的大脑，这会让你们感觉良好，从而给你们强大的驱动力。

而当两个人得到这种"大脑奖赏"的方式存在差异时，可能就会产生问题。比如，对朱莉而言，坐在沙发上阅读物理书籍不能满足她脑部的奖赏系统；但是对约翰来说，埋头读书能够满足这一奖赏系统。对朱莉来说，沿着雪道飞速滑雪能给她带来极大的愉悦感，对约翰来说，却很难体验到这种愉悦感（男性的大脑可以轻易想到在进行户外活动时死去的十种方式)。

根据一些科学研究,一些人的多巴胺系统产生了遗传变异,这就驱使他们去进行更加有冒险性的活动,比如他们可能会想体验直升机滑雪、巨浪冲浪等。辛西娅·汤姆森是英属哥伦比亚大学的研究员,她指出存在一种"不怕死基因",这一基因也许会限制一些人大脑中释放出的多巴胺的数量,从而促使他们去寻求更刺激、更极端的冒险,以得到同样的大脑奖赏。

玩不到一起时怎么办

想象你们已经在一起10多年了,现在,你的另一半走进了你们一起打造的这个安静美丽的家。你觉得他(她)可能会和你讨论晚饭吃什么,或是周末怎么过,这时,对方却宣布要在50岁之前登上珠穆朗玛峰,而他(她)的50岁生日很快就要到了。

这就是16年前约翰遇到的情景。朱莉宣布她要带领一队女性抵达珠穆朗玛峰营地,甚至要爬到更高的位置。朱莉说,这是一个可以铭记一生的探险,也代表着完成一个伟大的人生梦想……她向约翰讲述这次经历对她将有多么重要。虽然约翰是一位开明的丈夫、一位训练有素的婚姻专家，他还是不禁想："她疯了吗？"

"一开始我觉得她太冲动了，应该抑制这种冲动，但我没有说出来，毕竟我是一名情感治疗师，我知道有更好的应对方法。仔细想想，我会担心她的安全。一想到她也许会有个三长两短，我就惊慌失措，害怕极了。我向她诉说了我的害怕。"

幸运的是，他们已经是老夫老妻了，朱莉很清楚该怎么应对他的恐惧和担心。她倾听并认可了约翰害怕的情绪，并且尽力安慰他。她细致地和他分享了一遍关于旅程的所有信息：路线、训练项目、安全措施、花费，还有其他特别小的细节。最后，约翰点头同意，但是让朱莉务必携带一个卫星电话，每天或隔天与他通话。

不同于动物，人总是想做出一些挑战自我的事情。

朱莉开始了为期一年的训练，背着一个40磅重的背包爬遍了西雅图所有陡峭的台阶。约翰回忆道："她甚至问我是否想和她一起去加德满都。因为我有高原反应，而且在一路攀爬的过程中是不可能要求客房服务的，所以我拒绝了她。

她开始约见当地的夏尔巴人,而我刚见到他们的时候就觉得这些人不过是骗子。但我最终还是接受了她要踏上旅途的事实。最后她终于开始了旅程。当时,我唯一能做的就是收起我的满腹牢骚,直到她安全返回。"

"最后,"约翰说,"我必须面对一个事实,就是我的妻子,我此生的挚爱,是不同于我的一个人。她是一个运动员,一个探索者,一位真正的冒险家。对我来说,冒险就是根据我椅子的安全性来研究量子力学和微分方程。而朱莉在大学时就是一名滑雪选手,下山时速能达到50英里。天啊,为什么会有人去干这样的事情?但是,因为她想登珠穆朗玛峰,而她又是我的挚爱,所以我只能去理解这次探险对她的意义并给予她支持。"

"我永远不会忘记她在登上卡拉帕塔(珠穆朗玛峰旁边的山峰,海拔约5664.5米)时拍的那张照片上的表情,表情里充满了多巴胺。我把这张照片装进了相框,挂在家里的墙上,这是我见过的她最开心的表情。我从没见过她如此兴奋。"

虽然约翰和朱莉很难一起玩极限运动,但是其他一些运动也给他们带来了很多共同乐趣:游泳、危险系数较低的冒险、划皮划艇去新的地方,还有环球旅行。对于玩不到一起的事情，他们用语言分享各自的乐趣；对于共同的爱好，他们用行动一起体验快乐。

找到有共同乐趣的活动

生理上的差异决定我们没法拥有完全一致的体验，所以不应逼迫对方像你一样去玩乐与冒险。但是，我们每个人都从根本上需要寻找新事物，需要挑战新事物，需要经历惊喜。这深深地根植于我们的大脑深处，而且无论我们年龄有多大，这种渴望永远不会消失。每个人都期待刺激，都期待某件很美妙的事情发生。

对两个人来说，游戏和冒险的意义在于共同学习、共同成长、共同探索，以及满足我们都拥有的、与生俱来的好奇心。但是，冒险永远涉及未知，所以总会有一丝不安。一些人对危险的承受度比他人要高，所以两个人也许不能一直同步，但关键是要去探索你们的共同点及不同点，并找到共同的乐趣。比如，约翰和朱莉找到的共同的冒险活动就是海洋皮划艇，两个人都很爱这项运动。

"我喜欢水,"约翰说,"我从来不会去爬山,只要是参与比看书紧张的活动,我都会有一种恐惧感;而朱莉喜欢动起来,喜欢极限运动。最后,我们终于找到了可以共同体验的活动——皮划艇。我们把皮划艇放到水里,把它推离岸边,然后就随着小船一起远离了世俗的纷扰。这种活动可以让我们都感到很放松。最重要的是,我们一贯玩乐方式不同,而这次终于找到了一项共同的娱乐活动。在过去这些年里,这项运动让我们的关系变得更加紧密。每次去划皮划艇都是我们建立联结的时刻。在水中的时候,我们必须信任对方,依靠对方。我们一起面对挑战,这点燃了我们的激情,让个体和我们的关系焕发生机。皮划艇是让我们一起远离外面世界的方式,我们可以大笑、对话、唱歌,感到特别放松。在划桨的时候,我们从来不会指责对方。一开始在划桨时皮划艇只会在水里转圈圈,但是我们只是大笑,从不抱怨。我们创造了一种新的共同体验,这让我们婚后这么多年还互相深爱着对方。"

> 我们创造了一种新的共同体验,这让我们婚后这么多年还互相深爱着对方。

虽然我们寻求新鲜体验的方式不尽相同，但是每个人都有冒险的需求。这些方式没有是非对错、黑白好坏，它们的差异仅仅在于方式互不相同。对于一些夫妻或情侣而言，如果你们从来没有做过饭，那么冒险就是一起报个烹饪课程；如果你们只会画人物线条，那么冒险就是去报一个绘画班。冒险并不一定意味着冒着牺牲性命或四肢的风险去登临山顶，冒险的实质是追求新鲜的不同的体验。那些让你走出自我舒适区的活动都能让你体验到多巴胺带来的刺激感。

一同冒险，点燃生命的激情

从道格和瑞秋约会伊始，冒险就是他们的关系中不可或缺的一个组成部分。不同于约翰和朱莉，他们都很喜欢冒险，不过这不一定是好事。他们都渴望刺激，而且要花上一小笔财产用于购买保险。在度蜜月时，他们有了许多濒死体验。对他们来说，"至死不渝"的誓言可不是空话。

瑞秋和道格曾决定度蜜月时拜访一位朋友，并在刚刚遭遇战火的危地马拉逛一逛。虽然在旅行期间，危地马拉没有陷入战争，但是他们沿途听到很多杀人小队（一种准军事组织）的故事，他们就开始后悔为什么没有像其他新婚夫妇一样选择去夏威夷或乘游轮去度蜜月。那时候，瑞秋还就读于医学院；道格刚刚从学校毕业不久，从事他的第一份工作，所以他们也没有太多钱。

另外一次冒险中，他们决定爬上附近一个火山的山顶。虽然幸运的是火山没有爆发，但这还是一段想想就后怕的旅程。他们几乎是垂直地爬着上去，在半山腰还遇到了泥石流。在走了很久、爬了很高后，瑞秋累瘫在一只独木舟里。但是道格想向他的新娘展示自己的男子汉气概，于是他用很有韧性的臂膀划着小船穿过一个很大的湖面，最终安全到家。

还有一次探险经历也很刺激。他们决定骑马穿过丛林，但一路上都是低垂的藤蔓和带尖刺的树枝，他们几乎是玩命飞奔。另外一次是去洞穴探险。这一次，他们必须游泳穿过一条冷得刺骨的河流，抵达一个黑暗山谷的深处，所以得边游泳边用嘴巴叼着燃烧的蜡烛用于照明。在游了一个小时后，蜡烛全部熄灭了。领队让他们跳进一片深不见底的黑暗中，向他们保证下面 6 米处是一个水潭。这也是挑战人信念的一次跳跃。他们觉得这就像婚姻一样，所以他们携手一起跳了下去。你跳，我也跳。

因为一起经历了这么多冒险，在度过蜜月期后，他们觉得管理婚后生活中的各种挑战很简单，他们认为婚姻就像进行一次渴望已久的登山。此外，他们能在婚后延续这种做法，一直共同尝试新的体验和冒险。冒险和新奇经历为他们的关系增加了刺激兴奋的色彩，也帮助他们以看待冒险的方式来看待人生。虽然有几次冒险让他们有了濒死体验，但是他们觉得新鲜的体验有助于点燃生命的激情。"共同面对挑战可以让两个人体验同舟共济的感觉，而且让你们更加珍惜对方。"道格说。

如何对另一半保持热恋感

不仅仅是道格和瑞秋，其他夫妻或情侣也会觉得在面临挑战或经历危险后，关系更加紧密。根据研究，面临恐惧情景的心理反应在某种程度上类似于生理兴奋引起的心理反应：手心出汗，心跳加速，还会有其他恐惧和焦虑症状。很多人会进行错误归因，把这些反应归因于对方的性吸引力。想为关系充电，不一定非得冒着生命或失去四肢的风险体验极限运动，你们可以体验过山车、看恐怖片，或者其他任何让你和伴侣感到恐怖的事情，然后看一看在这个体验后,你们的亲密度会不会增加。

在自然灾害或坠机后,幸存者之间可能会产生爱情的火花,这种故事已经屡见不鲜了。超模克里斯蒂·布林克利(全美民众熟知的模特,纵横时尚界几十年,结过四次婚,当时已婚)在一次直升机坠毁事件中幸存后,爱上了另外一个英俊的男人。滑雪直升机在科罗拉多州的一座山上坠毁后不久,克里斯蒂·布林克利又宣布自己爱上了另外一位幸存者,并因为他离婚了。但是她和这位男士的婚姻只维持了数月。

科学家说,在感到恐惧的时候,我们大脑中的右杏仁核会活跃,而大脑的这一部分和我们经历生理兴奋时大脑运作的那部分密切相连(看到这里,你也许会想,怪不得青少年喜欢看恐怖片)。所以,在比利·乔(美国20世纪70年代最流行的歌手和歌曲作者之一)的妻子和另外一个男子登上山顶后,连比利·乔本尊都被甩了。在我们一起踏上一段新鲜刺激的冒险旅程后,激素便会起作用:身体仿佛喝了一杯由多巴胺、去甲肾上腺素和苯乙胺(PEA)混合而成的鸡尾酒。PEA是一种化学混合物,会使你在萌生爱意时达到生理的高潮。正是PEA驱动着你们彻夜不眠地去对话。跳伞等高强度活动能刺激PEA值升高(服用某种药物或食用大量的巧克力也会有这种效果)。很多时候,我们会觉得年轻时可以爱得缠绵,激情四射,而随着岁月流逝,这种激情会消退。但是,这不代表爱意减退,而是我们的身体在生理层面对 PEA 渐渐地不那么敏感了(就好像过量饮用咖啡或其他刺激物后的反应)。而通过一起去冒险,我们可以重新刺激身体的机能,重新活跃体内激素的影响力。

规划你们的冒险活动

我们对玩乐与冒险的需求就像永不消逝的电波一样存在于我们体内。只是有时候这种需求会休眠或进入休眠状态,而去探索未知永远是人类最根本的一个需求。

你们只需回答下列这些简单的问题,就能知道你们的关系是否缺乏冒险活动。

- 你们俩最近一次有刺激感、好奇感是什么时候?
- 你们俩最近一次体验新鲜事物是什么时候?
- 最近一次感到一件美妙的事情将要发生是什么时候?

如果你们中的一个或者两个寻求一些替代品来满足玩乐和冒险的需求，以得到多巴胺的刺激，比如糖、巧克力、垃圾食品（另外一些人可能会尝试酒，或是尝试其他能够刺激大脑的物品），就说明你们的关系缺乏冒险活动。

两人在关系中，如果不进行共同的冒险，或是体验其他冒险，无聊感、沉寂感就会乘虚而入。关系就开始由一个接一个的任务构成，有了庸俗的味道。毫无疑问，这种一潭死水状态的关系需要通过玩乐与冒险来引燃。

你们有许多可以一起冒险的方式。不要小看一场看似很小但是能够带给你们未知新鲜感的冒险活动，它可以是生命冒险历程的一个折射。一起去探索世界、探索未知吧！可以一起穿过一个新的小区，一起尝一尝饭店里上的新品，一起去任何地方旅行（甚至在家附近），一起结交新朋友，一起和陌生人对话，一起试着将手机关机一天，一起去上一堂街舞课……体验新事物是关键，所以痛快地把常规惯例抛到脑后吧！去进行新的体验，去探索玩乐与冒险对你们的意义。

冒险不一定代表烧钱，不一定代表去有异国风情的地方，不一定代表以身涉险。你只需要用发现的眼睛去观察这个世界，用好奇的心感知这个世界。谁知道你会发现什么呢？

朱莉喜欢登山，而约翰喜欢研究数学公式。幸运的是，有共同兴趣和关系幸福度并不呈正相关关系。这就意味着，想拥有完美的爱情，想保持亲密关系的乐趣，不一定需要用一样的方式去玩乐。但是玩乐还是不可或缺的。你们可以以展示图片或讲故事的形式和对方分享你独自玩乐的经历，并分享你的感受。在玩乐和冒险方面，即便两个人兴趣完全相反，两人间的关系依然可以蓬勃发展。但是，还是要努力找到你们可以一起玩乐与冒险的点，就像约翰和朱莉一起去玩皮划艇一样。

> **想拥有完美的爱情，想保持亲密关系的乐趣，不一定需要用一样的方式去玩乐。**

想一想你们各自喜欢的玩乐方式。如果你们已经有一段时间没有玩乐了，或者根本不知道该怎么去玩，那就想一想在童年时是怎么玩的：那时候最大的乐趣是什么？什么样的游戏最能让你感到开心有活力？你最近一次有类似的体验是什么时候？你的伴侣是什么样的情况呢？

不管是建立一番事业，举行婚礼，还是想要孩子，都要精心规划，玩乐也是如此。你可能会觉得奇怪，认为不需要像规划前面这些人生重大事项一样规划玩乐。但是就像我们之前所讲过的，玩乐是一个应该贯穿一生的事情。游戏治疗师布朗·斯通·史密斯写了超过 50 本书来论述玩乐对于儿童及成人的意义，他说："游戏的对立面不是工作，而是压抑。"当我们可以"游戏"人生，我们就能从严肃的地方发现可笑之处，从无聊中找到激情。

如果两个人不去玩乐，他们的关系就没有了幽默感，没有了情调，没有了游戏，没有了幻想。但我们都需要幽默感、笑声，以及游戏。玩乐可以无处不在：浪漫的举动、开玩笑、散步时对话，都是在玩乐和游戏。你们不需要加入一个体育俱乐部或者空出大量的时间用于玩乐，你们只需要带着一种玩乐的精神去做当前所做的任何事。玩乐应当被放在重中之重的位置，不要以为只有完成工作后你们才可以一起玩游戏，这本身就是一种错误的想法，这会让一起玩游戏根本无法实现。如果你们一开始不适应，那就把玩乐列入你们每周必做的事项中：采购蔬果时，你和伴侣可以把它当作完成一种游戏；支付每月的账单时，你们可以试着互相调情。请记住，不管作为个人，还是作为夫妻或情侣，幸福不在于没有不好的经历，而在于不断去创造美好的经历。关于两人互动，永远都不要忘记一个很重要的点，即在没有冲突的情况下，积极互动和消极互动的比例应当是 20:1。而通过玩乐,我们就增加了积极的互动。没有哪段夫妻关系想要以离婚而告终,而且斯图尔特·布朗曾说:"如果你们的关系中没有游戏和玩乐的成分,那么这段关系就会变成一场生存耐力比赛。"这样的关系就完全失去了浪漫,不是吗?和忠诚度一样,嬉戏打闹对于一段和谐向上的关系来说也是必不可少的。

» 小活动 «

找出你们的共同兴趣

在约会前请通读下列清单,圈出所有你想和伴侣一起玩乐或冒险的事项,然后在前三名前面标星号。如果你们特别有冒险精神,可以每周都去尝试下面的新鲜事项,或者所有事项都尝试一遍。当然,你们可以填上其他共同玩乐的想法。

» 一起远足或走很长的一段路。
» 本周末自驾到一个我们都很想去探索的地方。
» 计划一次野餐。
» 一起玩棋类游戏或纸牌游戏。
» 选择并一起学习一个新的电子游戏。
» 一起去买车、古董、新衣服等你们都感兴趣的东西。
» 做一顿饭并邀请朋友们过来。
» 根据一个新菜谱做一顿饭。
» 选择一个新的饭店去吃饭或尝试一个新菜式。
» 玩传球游戏。
» 一起学习一门新的语言(或者至少学习几个短语)。
» 有时试着用洋腔洋调来说话。

- 一起去骑自行车或者租一辆双人自行车。
- 一起去滑旱冰或溜冰。
- 租一个平衡车。
- 租一条船或独木舟,或者一起玩皮划艇。
- 去一家书店,并且去我们不经常阅读的区域浏览。
- 去看野生动物,如去野外看鸟、观鲸,或者去动物园、水族馆。
- 一起学习一种新的体育运动。
- 去看一场现场演出的戏剧、即兴表演、音乐剧、相声、马戏表演、舞蹈——任何听起来有意思的演出。
- 一起上一堂表演课,如即兴表演、唱歌或相声。
- 一起读一本笑话书或诗集,或者交替阅读笑话和诗歌。
- 去跳舞。
- 去钓鱼。
- 去听演唱会或任何现场音乐会。
- 一起创建一个自从我们遇到彼此后所听的音乐清单。
- 一起听音乐或者边听边跳舞。
- 一起想出一个解决某个问题的方案。
- 获取两张我们最喜爱的运动赛事的票,并一起欢呼。

- 一起去 SPA，享受一个热水浴缸澡或桑拿。
- 一起演奏乐器。
- 伴着我们都熟悉的音乐大声唱歌。
- 一起去美术馆或博物馆。
- 在购物中心或小镇游玩时假装我们是间谍。
- 一起品白酒、啤酒或巧克力。
- 一起去爬山或爬树（当然是不那么危险的树）。
- 互相讲述人生中最尴尬或最好玩的事。
- 一起去攀岩馆。
- 一起去蹦床馆。
- 一起去一个主题公园或游乐园。
- 一起玩水上项目：游泳、滑水、冲浪、帆船运动。
- 在某个地方约会，并假装我们互不认识，是第一次见面，调情并互相撩对方。
- 一起画画。
- 一起做一些东西，如工艺品、陶器、飞机模型、服装、配饰、木制品。
- 一起办一场即兴聚会，邀请当时在场的所有人参加。
- 一起练瑜伽或上几节瑜伽课。

- 学习夫妻或情侣间的按摩。
- 一起在一个新小区散步。
- 用非惯用手给对方写一封情书。
- 不坐公交，改骑自行车转一圈。
- 一起通宵不睡觉。
- 试着关闭所有的电子设备一整天。
- 上一堂艺术课。
- 上一堂烹饪课。
- 上一堂舞蹈课。
- 邀请另外一对你们不熟悉的情侣或夫妻进行四人约会。
- 在饭店、公园或地铁里，主动和旁边的陌生人对话。
- 在泥巴中玩耍。
- 水肺潜水或者笼中潜水观看鲨鱼。
- 去蹦极。
- 去徒步旅行、露营或背包旅行。
- 去一个充满异域风情的国家。
- 去做你想做却一直不敢做的事情。
- _____
- _____

» 本章精华 «

1. 对于一段成功且充满乐趣的关系而言，玩乐与冒险是至关重要的因素。
2. 我们应当活到老玩到老。
3. 很多时候我们把玩乐和游戏放在必做事项的后面。
4. 玩乐与冒险的意义在于大笑和体验新鲜事物。
5. 对冒险的需求深深根植于我们的大脑，而且是大脑奖赏系统的一部分。
6. 当我们体验新鲜事物时，我们能体会到神经递质多巴胺带来的快感。
7. 一些人需要参与到更加极端甚至是危险的冒险中，来得到和其他人同样多的多巴胺。
8. 如果你和伴侣在如何定义玩乐与冒险方面还没有达成一致意见，没有关系，关键是你们尊重对方的观念，并尊重冒险对对方的意义。
9. 如果你们记不得上次一起有兴奋感或好奇感是什么时候，或者记不得上次究竟是什么时候感觉到令人兴奋的事情即将发生，说明你们的生活中缺少玩乐与冒险。

10. 重视玩乐并带着玩乐的心情去做任何事情。
11. 一起玩乐可以创造亲密感及深层联结，那些能一起玩乐的夫妻可以更长久。

» 约会进行时：玩乐与冒险 «

对话主题

我们各自想要以怎样的方式玩得开心？玩乐与冒险在我们的生活中扮演着怎样的角色？

前期准备

想一想你们想要以怎样的方式去玩乐与冒险，以及想进行什么样的玩乐与冒险。回顾本章所读，并反思阅读过程中这些文字让你产生的关于玩乐与冒险的想法。你们玩乐与冒险的需求实现了吗？在未来你想怎样和伴侣一起玩乐？你们可以一起进行哪些冒险？对自己的答案和伴侣的答案都保持好奇心，因为没准儿你会收获惊喜。另外，以新的方式去尝试玩乐与冒险这个想法本身就会产生少量多巴胺。

约会地点

你们从来没去过的一个地方。可以去公园野餐，也可以考虑去海滩、屋顶上、你家后院，或是和朋友交换公寓。还可以尝试爬树，坐在树枝上完成这次约会和对话。还可以在浴缸或别的有水的地方完成整场约会。随意跟着一辆车，并在车停下来的任意地方约会。关于冒险的地点，可以随意提出你的想法，不需要事先做准备，并对接下来要发生的事情充满好奇心。试着在一天的任意时间约会，早上、午夜或者是双方的工作时间。这个约会应该充满新鲜感和兴奋感，所以请带着创意自然而然地约会。

建议

你们可以在 Atlasobscura.com 寻觅你们附近的隐秘地点，一边谈论这些问题，一边去探索其中的一个地点。你们还可以玩一些成人寻宝游戏，找到你们附近藏匿的百宝箱。

在家约会：选择一处你们家里或者是家附近风景好的地方，为你的伴侣设置一场寻物游戏，来引导他（她）找到约会地点；或者悄悄给对方留一个字条，告诉他（她）该到哪里和你碰面，你则在目的地准备一场惊喜等待对方到来。

约会小贴士

你应当带上你们圈出的要做事项列表，以及圈出的最想去做的那 3 件事情的清单。准备好互相讨论你们圈出的这些事情，并讨论尝试或完成它们的方式，或者讨论你觉得有意思的事情。找一下你们两个圈出的重合事项，这些就是你们可以一起去体验的玩乐与冒险活动。如果没有重合，请记住，游戏和冒险的一部分就是踏入未知领域。那些你的伴侣觉得好玩的事项中，有你想去尝试的吗？

如何预防摩擦

- » 思想开放地去看待伴侣对玩乐与冒险的想法。
- » 务必记住，冒险会涉及未知情景，而且会推着你们走出舒适区，所以不能低估你们可能会有的恐惧感，但是也不要向恐惧感低头。
- » 试着问伴侣：为什么你关于玩乐与冒险的想法对你这么重要和富有意义？
- » 不要迫使伴侣尝试你想去做的，或迫使他（她）采取你想要的冒险方式。
- » 在伴侣描述想要尝试的冒险时，注意倾听他（她）描述时的兴奋感。如果对方玩乐的方式和你不同，不要批评也不要做出评判。
- » 做出一次对信念的突破并拥抱未知。

约会对话之开放式问题

在讨论并回顾你们所列的事项后,请互问以下问题:

1. 冒险/玩乐对你而言意味着什么?
2. 你在童年时期想怎么玩乐?
3. 最近几年,在玩乐时你得到的最大乐趣是什么?
4. 我们可以一起有更多的乐趣,对这一点你是怎么看待的?
5. 和我分享一次你过去的冒险经历。
6. 你最近做的一件冒险的事情是什么?
7. 现在什么会让你最兴奋,或什么会让你充满期待?
8. 你想象中的我们一起去冒险的一天是什么样子?在去世前你想要尝试怎样的冒险?

》共许今生《

向对方大声读出这段宣言,并在朗读时保持眼神交流。

我承诺,在接下来的2周内,用以下3种方式和你一起玩乐与冒险,并承诺今后让玩乐成为我们日常生活中必不可少的一部分。

_____

_____

_____

CHAPTER 8

好的爱情是共同成长

亲密关系不是把另外一个人改造成和你一样，而是从对方身上学习，并从你们的差异中受益。通过真正地对伴侣的经历保有好奇心，你们就可以适应关系中的成长和改变。

艾瑞卡说："我们很早就相识了。那时候杰克18岁，我16岁。大家都说我们肯定不能长久，没有人会和初恋走到最后，初恋肯定会分开的。我甚至不记得我听过多少次这种话了。"现在，杰克32岁，艾瑞卡30岁。"我几乎已经和她一起度过了我人生的一半。她刚遇到我的时候，我就是个'朋克青年'，表面放荡不羁，内心却很脆弱。现在我几乎改头换面了。"杰克说，"但是无论我怎样，她都一如既往地支持我。""你如今和以前大不一样了，"艾瑞卡说，"你变了好多。当然，现在你更多展示出的是放荡不羁下的纯净灵魂。"

杰克和艾瑞卡结婚有6年了。艾瑞卡说："我们就像年轻的老夫老妻。我们一起经历了太多变化，我甚至难以想象余生会是什么样子。但是，我觉得早点经历这些深刻的变化能让我们更加从容地面对以后的变化。不管以后谁想疯狂一把，还是想出家，或是想坐着飞机环球旅行，我们都不会感到震惊。""在刚开始约会时，我们是截然不同的两种人，而且我们知道，5年后，我们仍然不会是同样的人。"杰克说，

"我们各自都有变化，但不变的是一路支持对方的改变和成长，这是很激动人心的事情。我们都一直持续不断地发现自己，了解对方。"

当他们刚刚认识时，杰克是那种典型的"坏男孩"。"他有犯罪记录，讨厌权威，在某种程度上他就是个'迷失男孩'，极其愤世嫉俗。他和我之前约会过的男孩都不一样。当然，我的父母很讨厌他，极力想让我们分开，但越是这样我越觉得他有意思。现在我的父母都很喜欢他，当然他们花了很长时间才发现他的闪光点，每一年都对他有新的认知。现在，我的父亲甚至会给他打电话询问意见。在我们改变的时候，我们的关系也随之改变，真是不可思议。"

经历了戒酒后，和10年前相比，现在的杰克头脑清醒多了。"我必须重新审视我自己。我过去的生活中充斥着愤怒、酒精，我必须重新找到人生的意义。因为当我戒掉这些东西后，我不认识我自己了。我就去寻求治疗，并参与了'十二步计划'（从成瘾或其他行为问题中恢复的行动过程）。现在，我有了更高的能量——不是来自上帝，我觉得是一种类似于上帝的力量。我现在很重视精神层面。我开始冥想，祈祷，我觉得这是一种和宇宙对话、倾听宇宙声音的方式。

不管这种力量是否来自上帝,重要的是现在我能感知到一种更高层的力量,我把这称为更高的自我。在过去,我表面的酷下面隐藏着我对生活的恐惧。在我21岁时,如果不是艾瑞卡给我下了一系列最后通牒,我觉得我很可能就错过了人生中的太多精彩。如果我没有做出改变,我绝对不会还和艾瑞卡在一起,也绝对不会去辅导那些"问题男孩";我之前肯定不会干这种工作,我不适合给任何人当导师。但是现在,我可以自信地说我是一个很重视精神的人,而且我的工作很有意义,因为我可以服务他人。我显然不是她一开始约会的那个家伙了。"

艾瑞卡说,当杰克变得更加清醒时,去接纳他的改变还有点不适应。"我不确定哪个才是真正的他。他是这个头脑清楚、体贴周到、乐于助人的杰克,还是那个及时行乐、容易失控、表面酷酷的杰克呢?到底哪一个才是他?我爱上了两个他,这两个都是杰克。在21～25岁,他改变了很多,我甚至开始想我会不会跟不上他成长的步伐。他激励我去关注工作和生活中真正重要的那些方面。我们经常谈论如何度过今生,这让我们的关系越来越亲密了。我们结婚时,有一个朋友为我们主持仪式,我们宣誓永远接纳对方真实的样子。这就像我们的使命宣言,许可我们去尝试新的事物,并检测我们找到自我的不同方式。在他的影响下我开始冥想,我甚至参加了一个为期10天的全程无语静修营。我需要去对抗头脑中所有杂乱无章的思绪,直面我所有的不安全感、自我怀疑。这真的很神奇。参加完那个活动后,我决定放弃原有的营销工作。我原来供职于一家很大的科技公司,收入很不错,所以我一度假装自己很爱这份工作。辞职后,我决定追求艺术,并开始画画。杰克很理解我,因为我的这个决定对我很重要。我们一起搬进了一个小公寓,连有线电视都不看了。我们改变了很多,但每改变一步我们都保持沟通。我觉得我们形成了一种合力,我们可以在一起做一切事情,愿意接纳对方的一切改变,这让我们的生活充满乐趣。我们不想要孩子,想用所有的精力来淋漓尽致地探索人生,以及人生的一切含义。"

杰克说:"这意义深远。我们一直在进行激动人心的探索,探索心灵的成长和改变。"艾瑞卡补充道:"这是我们所体验过的最棒的生活。我们虽然没有积蓄,但是我觉得再多的钱也买不到我们现在的状态。我们现在找到了人生的意义,这就是我们的一切。"

> **婚姻不仅仅是两个个体表面上的结合,而且可以见证彼此的蜕变,找到人生的意义,并让世界变得更美好。**

当两个人可以成长、改变并接纳对方的成长时,就会发生不可思议的事情。两个人的合力大于一个人,而且婚姻不仅仅是两个个体表面上的结合,而且可以见证彼此的蜕变,找到人生的意义,并让世界变得更美好。

创造共同的人生意义

每一段关系都和生命的特征一样,唯一不变的是变化。关键是双方要适应对方的成长,而人们正是因为需要接触一个不同的头脑,才会在关系中收获成长。两个人不可能有完全相同的世界观,或者完全一致的需求。婚姻是两个不同个体的结合,所以必然有许多差异存在。毫无疑问,精神上的改变,或者任何改变,都会导致冲突。但正是这些冲突和不同让我们成长。我们需要坦然迎接冲突,这可以让我们学习如何更好地爱对方,如何去理解伴侣那个不同于我们的头脑。当我们能明白这一点时,就能兼得个人成长和关系发展。

下面是一些能让爱情维持一生的要诀：

1. 亲密关系不是把另外一个人改造成和你一样，而是从对方身上学习，并从你们的差异中受益。
2. 人生充满波折，亲密关系也是如此。
3. 波折不可避免，但是当你们共同面对这些波折，共同在逆境中成长时，你就为你们的不同创造了意义。
4. 如果你们能走出波折，并创造意义，你们就能够永远在一起。

根据相关研究，如果夫妻把婚姻放在神圣不可侵犯的位置，他们就会生活得更加幸福[12]。针对这些夫妻做出的另外一项研究发现，如果夫妻觉得性很神圣，那么他们的性生活会更频繁，质量更高，持续时间更长，并且他们对婚姻会更有满足感。

很有趣的一点是，宗教信仰不同并不是导致婚姻产生冲突的一大要素。皮尤研究中心发现，和拥有共同的宗教信仰相比，相同的兴趣、令人满意的性生活、合理的家务分工这几个因素对幸福的婚姻更为重要[13]。你能在两人的关系中找到或创造出越多的共同意义，你得到的回报就会越丰厚。

那么如何在两人的关系中创造意义呢？如何把婚姻神圣化呢？秘诀就在于创造共同意义和创造建立联结的仪式。你们在生活中的仪式感很重要，这有利于保持双方的联结——每周来一次约会之夜便是我们高度推荐的仪式之一。你们也可以在每次告别、见面时创造小的仪式，比如亲吻 6 秒钟。可以去想一想你如何庆祝生活中大大小小的胜利和成功。对于你们来说，哪些是可以采用的呢？想一想你在遇到失败、挫折，或者运气不佳、感到疲惫时，会创造哪些小仪式呢？再想一想在伴侣遇到挫折时，可以用什么方式提供支持，帮其渡过难关呢？想一想你朋友圈的那些仪式，大家是怎么庆祝生日，或怎么庆祝其他事情的？关于创造共同意义、创造夫妻之间的联结，有无穷无尽的方式可以使用。调动你的想象力，并使用那些对对方有意义的方式。你们每时每刻都可以创造仪式：分享怎么度过这一天也可以是一种建立联结的仪式，你可以温柔地去探索对方为什么会有压力，为什么会感到疲惫；创造出一个安全的空间，和对方分享自己的内在世界也是建立联结的一种仪式。你们共度的每一刻，甚至分开的每一刻，都可以为两人的关系创造神圣感——不管你们如何定义神圣感。

适应伴侣的成长和改变

试着营造放松的氛围，让对方分享新鲜的事物。通过真正对伴侣的经历保有好奇心，你们可以适应你们关系中的成长和改变。当个人收获成长时，你们的关系也会得到成长；当个人改变时，你们的关系也会改变。

❯❯❯ 小活动 ❮❮❮

建立联结仪式问卷 [14]

为了搞清楚你和伴侣在创造生命共同意义方面的认知协调度，请回答下列是非题。如果某个问题并不适用于你们的情况（如你们没有孩子问题却涉及孩子，或者问题涉及在一起生活但是你们还没有），可以跳过该问题，或把它改成一个适用于你们的问题（比如只有你们两个人一起吃晚饭），也可以留作未来讨论。

你们建立联结的仪式

在我们家，我们对涉及家庭晚餐的仪式看法完全一致。
☐ 是　　☐ 否

节日大餐（如圣诞节）对我们来说是非常特殊和幸福的时刻（或者我们都讨厌这些节日）。
☐ 是　　☐ 否

下班后的重聚对我们来说通常是个特殊时刻。
☐ 是　　☐ 否

在家看电视时，我们对电视剧里的人物有基本一致的评价。
☐ 是　　☐ 否

睡前时间通常是变得更亲密的好机会。
☐ 是　　☐ 否

到了周末，我们会独自或一起做一些我们喜欢并重视的事情。
☐ 是　　☐ 否

对在家里娱乐（比如有朋友来拜访、聚会等），我们的看法相同。
☐ 是　　☐ 否

我们都重视或者都反感特别的庆祝活动（比如生日、周年纪念日、家庭聚会）。
☐ 是　　☐ 否

在我生病时，我感觉得到伴侣对我的照顾和关心。
☐ 是　　☐ 否

我很期待并很喜欢我们一起度假、一起旅行。
☐ 是　　☐ 否

共度早上的时间对我们来说有特别的意义。
☐ 是　　☐ 否

在一起做家务时，家里总是氛围愉快。
☐ 是　　☐ 否

在精疲力竭时，我们总是有特别的方法来保持对伴侣的新鲜感。
☐ 是　　☐ 否

如果很少有答案为"是"的情况，请讨论以下问题，创造属于你们自己建立联结的仪式。

1. 当我们一起共进晚餐时，可以怎样赋予晚餐时间以特殊含义？晚餐的意义在于什么？我们各自的原生家庭是怎么度过晚餐时间的？
2. 在每一天开始时，我们用怎样的方式告别？在我们各自的原生家庭中，是怎样的情景呢？我们再次见到对方时，应该是什么样子呢？
3. 对我们来说，准备好上床睡觉应该是什么样子？在我们各自的原生家庭里，是怎样的情景呢？
4. 对我们而言，周末代表着什么？我们各自的原生家庭是怎样度过周末时光的呢？我们可以怎样更有意义地度过周末时光？
5. 我们各自的原生家庭是怎样度假的呢？我们想要什么样的度假方式呢？
6. 选择一个特别的节日。对我们来说，这个节日的真正内涵是什么？我们今年该如何庆祝这个节日？我们各自的原生家庭是怎样庆祝这个节日的？

7. 我们各自如何通过这些仪式获取新的能量？是什么让这些仪式对我们富有意义？
8. 在一方生病时，我们会如何对待？在原生家庭中，是怎样的情景呢？在我们俩构建的这个家庭里，面对生病，我们想要怎样的生病"仪式"？

» 小活动 «

共同目标问卷

你们对自身及你们的关系都要设有目标,目标代表着你们会如何改变,可以是看得见摸得着的目标,也可以是关于心灵深处的目标。有时候,目标会和我们的人生梦想交叠,我们将在下一章中探讨梦想。现在,你们需要探索对于个人和你们的关系具有深远意义的目标。请回答下列是非题,如果某个问题不适用于你们目前的情况,请跳过,也可以把问题改成一个能适用于你们当前某个情景的问题,或者留待以后讨论。

你们的目标

我们拥有许多相同的人生目标。
☐ 是 ☐ 否

如果在耄耋之年回首人生,我想我会认为我们彼此相处得非常好。
☐ 是 ☐ 否

我的伴侣珍视我的成就。
☐ 是 ☐ 否

我的伴侣尊重我的那些与我们的婚姻毫不相干的私人目标。
☐ 是 ☐ 否

我们对生命中重要的人有着许多相同的目标。

☐ 是　　　☐ 否

我们有着非常相近的财务目标。

☐ 是　　　☐ 否

我们都倾向于担心潜在的财务危机。

☐ 是　　　☐ 否

我们的人生梦想很相似或者可以兼容。

☐ 是　　　☐ 否

对我们的孩子、生活的大致状况和老年生活，无论是个人的还是共同的，我们都有一致的期望和渴求。

☐ 是　　　☐ 否

即便有不同，我们也能找到尊重我们各自生活梦想的方法。

☐ 是　　　☐ 否

回答完上述问题后，如果你发现极少有回答"是"的情况，请讨论下列问题，探索你们的目标和目标的意义：

1. 为自己写一篇悼词。你想要写哪些内容？在你死亡的时候，你最想记住哪些品质和成就？
2. 你对自己、伴侣、孩子（如果有孩子）有怎样的目标？在未来 5～10 年，你想做出怎样的成就？

3. 我们常常被紧迫之事占据时间，但是你需要思考什么才是你生命中至关重要的事情。它们是你力量和快乐的源泉，且重要到你需要推迟或是不做其他事项。
4. 精神或宗教在你生活中扮演怎样的角色？在你的原生家庭中扮演怎样的角色？你希望它们在你现在和将来的生活中扮演怎样的角色？

作为个体，你会随着你们关系的发展而成长和改变，个人获得的成长又能反哺这段关系，让其不停地收获前进的能量。请记住，你或许有对精神和宗教的个人信念、行为，但是在你们的关系中，这些都比不过你以神圣的目光去看待这段关系以及你们一起创造的仪式和目标，并赋予它们意义。

» 本章精华 «

1. 一段关系中,唯一不变的是变化。
2. 关键是两个人都要适应对方的成长。
3. 当双方能够改变、成长,并适应对方的成长时,不可思议的事情就会发生。
4. 你们的关系不仅仅是两个个体表面上的结合,而且可以见证彼此的蜕变,找到人生的意义,并让世界变得更美好。
5. 当你们为共同面临的波折创造意义时,关系就能得以维持。
6. 研究发现,只要有一方把这段关系看作神圣不可侵犯的事物,你们关系的质量就会提高。
7. 当个人成长时,你们的关系也在成长;当个人改头换面时,你们的关系也会改头换面。
8. 为你们的关系创造共同意义和创造建立联结的仪式有助于双方保持情感联结。

» 约会进行时：面对改变 «

对话主题

在亲密关系中，我们经历了怎样的成长和改变？对于我们而言，精神代表着什么？我们该如何进行精神层面的表达？

前期准备

想一想成长、改变、精神在你的生命中意味着什么。如果你还没有确切的答案，请填写上文中关于联结仪式感和个人目标的问卷。回顾本章所读，并反思本章所激发的你头脑中对心灵和宗教的任何想法。想一想在你们的关系中，你目前拥有或希望拥有的仪式。想一想你们各自发生了什么样的改变。思考一下你是怎么改变自我的，并思考你的改变如何影响了你们的关系。

约会地点

建议你们去一个让你们感到美丽、神圣的地方：可以选择室内，也可以选择户外；可以是你们进行祈福或祷告礼拜的地方，也可以选择去能净化心灵或让精神安宁的场所。

建议

  本次约会的目的是以某种方式向你的伴侣致敬,其中一种方式就是为你们的关系献礼。可以放一段视频,或者在你自己家里或后院创造出一个可以代表你爱意的标志。约会一开始可以先展示一张你们最喜爱的照片,再在照片四周点缀上有你们共同回忆的小物品,这些小物品应该对你们有共同的纪念意义。

  在家约会:如果你们想为对方献礼,可以先进行一些小仪式再对话,如以沉默5分钟作为开场仪式。如果你们都练习冥想,可以试着安静地冥想;如果你们祷告,这5分钟可以一起祷告。把这次约会当作一次神圣并富有意义的经历。

约会小贴士

  带上本章的仪式感和个人目标的问卷及其结果,并准备和对方讨论这些答案。

如何预防摩擦

- 对伴侣关于心灵的看法要虚心接受并保持好奇心。
- 解放思想,不要评价伴侣。

» 不要总是以为自己明白了，不懂的地方可以发问。
» 如果你觉得伴侣的言语威胁到了你或者让你感到害怕，请让他（她）知道你的担心，而不是因为出于害怕就打断或不让对方说话。
» 没有对错，永远把幸福和理解置于对错之上。

约会对话之开放式问题

讨论完你们的共同目标后，请互问下列问题：

1. 在你童年时，你的原生家庭成员是怎么表达对神圣事物的尊重的？如果他们没有这一仪式，你当时有什么想法吗？他们有宗教信仰吗，如果有，是如何践行这些信仰的？
2. 你觉得什么是神圣不可侵犯的？
3. 是什么支撑你度过最艰难的时光？
4. 你如何找到内在的平和感？你平和的源泉是什么？
5. 你的一生中，在精神和宗教信仰方面经历过变化吗？
6. 你觉得你在什么方面成长得最快？这是一种什么感觉？
7. 在哪一个10年里，你的自我成长最快？你是怎样有这些变化的？
8. 你希望向孩子（如果我们有孩子或者计划要孩子）传递你

的哪些精神信仰？
9. 在你自我成长的道路上，我可以怎样支持你？
10. 在自我成长方面，你是想有意追求内在的变化，还是想做一些事情寻求外在的推力？

》 共许今生 《

向对方大声读出这段宣言,并在朗读时保持眼神交流。

我承诺,在我们的关系里共同成长,共同学习,追求共同的意义。我也承诺创造以下3个建立联结的共同仪式(请自行补充):

_____

_____

_____

CHAPTER 9

让彼此发光

尊重伴侣的梦想是一种向对方传达爱意的有效方式,所以首先要互相分享这些梦想。同时,没有任何一方应该为两人的关系牺牲自己的梦想。

凯莎和亚历克斯觉得很难谈论他们的梦想。"我们怎样才能把工作和梦想区分开呢？当然，我想成为一名艺术家，"亚历克斯说，"但是需要承担各种生活花销啊。多少艺术家可以养家糊口？多少人可以通过追梦来谋生？我觉得谈论这个话题会让我很不自在。"

凯莎不禁身体后倾："但是你不能就这样放弃你的梦想。如果我知道你想成为艺术家，我可以帮你腾出更多时间来做与艺术相关的工作。我可以周日多分担家务，这样你就可以画画了。如果我连你的梦想都不知道，怎么支持你呢？或许我们可以一开始从小处起步，比如你可以在咖啡馆等地展示你的艺术才华，我可以为你的每一幅作品都写点宣传软文。"

"或许我可以在每周日早上花几个小时来画画。可是我现在也许已经完全不行了，毕竟我好几年都没拿过画笔了。""如果这对你来说很重要，我想支持你。"凯莎说，"我们是一体的。""那么你呢？你的梦想是什么？"

"我不知道。"凯莎想了一会儿回答道，"我觉得我想去趟马丘比丘。这是我一直以来的梦想。而且我想再次参加一些竞技活动。我曾是一名运动员，但是自高中后我就没有加入过什么团队了。或许我想加入一个足球俱乐部，我有这种梦想，也想借机恢复昔日的身材。但是现在我们的工作时间很长，实在很难挤出时间做这些事情。"

"你看，"亚历克斯说，"工作就是梦想的杀手。""好吧，我觉得没有人会觉得我能恢复以前的身材，或再次踢足球。但是我们可以探讨一下怎么挤出时间来实现这些梦想，想到这些我就很激动。"

就像我们在前面的章节中已经讨论过的，工作毫无疑问会占用大量的时间和精力。如果你们入不敷出，或还没还清学生贷款，抑或是工作要求很严格，很容易就会把人生中的梦想束之高阁。我们需要为伴侣付出，为工作付出，如果再为这些梦想付出，就好像很多东西都混在一起，我们不知该何去何从。

但是梦想很重要，不管是你的梦想，还是伴侣的梦想，抑或是你们共同拥有的梦想。在你们的关系中，一起梦想并支持对方个人梦想的重要性不亚于信任、投入和性。

在前面的章节中，我们提到了约翰和朱莉每年都会进行蜜月旅行。但是上一次蜜月期间，约翰仍然每天工作 16 个小时，几乎毁了蜜月旅行。现在，这对夫妻即将再次起程。这次，约翰把书本都抛在了脑后。他们一起尝试皮划艇运动，在蜜月期间高度关注对方，并讨论了他们的生活和梦想。他们互问怎样能帮对方实现梦想，认真倾听并记笔记。

尽管他们在同一个屋檐下生活，一起共事，但他们还能从对方身上学到很多，还有许多问题要问对方：

- 你觉得未来你的工作会有什么样的变化？
- 现在的生活中，什么会让你激动？
- 你对未来最大的担忧是什么？
- 你觉得我们可以怎样在生活中拥有更多的乐趣？
- 你思念生命中的哪些事物？

持续不断地在每一年、每一次蜜月中问这些问题是他们婚姻持续幸福的关键所在。伴侣间永不停止发问是本书的要义，可以用来指导两人的个人生活和职业生涯，也是爱情持续保鲜的终极秘诀。约翰问朱莉有什么梦想，朱莉回答说想去珠穆朗玛峰；朱莉问约翰，约翰说想要成立一家研究机构。然后，两个人就一起创建了一家亲密关系研究机构。在约翰的梦想基础上，朱莉又进一步补充说她想帮助世界各地关系紧张的夫妻，并通过这一方式帮助到他们的孩子。然后，这个梦想就落地生根，成为戈特曼研究所。

每一年，他们都会一再地重新构想未来。

> **每一年，他们都会一再地重新构想未来。**

一起梦想是你们在关系中最为意义深远的一个举动。而尊重伴侣的梦想有助于你表达对他（她）的关爱，因为这能展示出你最深层的爱意。确实，你们也许忠诚于对方，但是你们是否做到了忠诚于对方觉得神圣且重要的事物？当双方都能做到尊重并支持对方的梦想时，你们关系的方方面面都会变得更加顺利，因为两个人都感受到自己的需求得到了满足，梦想得到了支持。

每个人都有一个人生梦想或目标，你需要守护好这些梦想，不要让它们淹没在日常的工作、家庭，甚至是你们关系的琐事中。

现在，亚历克斯想要追求画画的梦想，并希望靠艺术谋生。时间会验证他能否实现梦想，但最重要的是凯莎对这一梦想的支持。凯莎尊重这个梦想，即便这意味着她要担心日常花销以及养家糊口的问题。

轮流妥协，帮助对方追逐梦想

在道格和瑞秋刚刚确定关系后，他们曾经历过那种狂烈的爱恋，他们可以整个晚上紧紧盯着对方，看对方眼中的爱意。所以，他们难以忍受不在一起。但是，有一天，道格宣布了一个无异于晴天霹雳的消息："我想去以色列待一年。这对我来说很重要，我需要去那里寻根。"

瑞秋很震惊，但还是镇定地回答说，如果他需要这么做当然可以去。

"我怎么可以阻拦他去做对他很重要的事情呢？对于一段刚刚确定的关系，异地一年确实时间很长，但是我知道这是他的梦想，即便是和我无关的梦想。"

异地时光令人倍感煎熬。但是，当他回国后，却告诉她自己要去追求新的梦想——去纽约的一家公司从事出版工作。而此时，瑞秋才刚刚进入一家距离纽约3000英里的医学院就读。"那时，"道格说，"我们需要谈论双方的梦想，因为寻梦曾让我们相隔万里。但是我担心，再继续这样下去会导致我们在感情上也渐行渐远。"

最终，道格决定放弃纽约的工作，搬到瑞秋的求学所在地，他成了照顾家庭更多的那个人，并削减了工作量。"我们最终达成共识，认识到我们的关系才是我们最重要的梦想。"31年后，瑞秋说尊重自己的梦想是第一位的，当然是道格让她在追梦的过程中也感受到了被爱。"我们认识到了，"瑞秋说，"维持关系和追求各自的梦想是可以兼得的，但是最好不要同时去追梦。我们学会了怎样轮流追梦，并学会了无论如何都要支持对方。"

当瑞秋想要生二胎并最终生了一对双胞胎后，道格愿意同时做两份工作，每天好几个小时用于通勤，来支持瑞秋的家庭梦想（她母亲也和他们一起住了6个月帮忙照看双胞胎）。当道格想要离开原有的出版集团，去开创自己的工作室，帮助那些有远见卓识的人构建一个更加明智、合理、公正的工作氛围时，瑞秋很支持他，虽然那时并没有类似的创业先例，他们对于是否能成功一无所知，但是瑞秋愿意在一家紧急护理诊所加班加点地工作，直到道格的工作室成立并顺利运作。

当瑞秋想要放弃"铁饭碗"，开办自己的诊所时，道格也极力支持，虽然这意味着他们要在经济上面临风险。最后，由于诊所过于庞大，难以管理，瑞秋关闭了它。这个时候，道格没有鼓励她重操旧业，回到传统诊所照顾病人，因为他知道这会让她心力交瘁。他鼓励瑞秋再尝试一把，她也照做了。东山再起时，瑞秋变得更加明智，现在她开创了一种很受欢迎的疗法，这让她感到很满足。

当道格想要实现创作一本小说的人生梦想时，瑞秋大力支持，尽管这意味着他会起早贪黑地写作，并代表他不能再和全家一起共度周末时光。他们的共识是，只要能守住可以维持生存的底线，他们就可以去追求个人梦想。因为他们认为实现梦想远远比买大房子、开豪车重要。道格和瑞秋一直觉得，排在他们婚姻首位的应是支持对方开发潜能并为世界贡献出自己的力量，这甚至大过满足自己的需求。总而言之，他们轮流做出妥协，以支持对方实现个人梦想，并实现他们为社会奉献的共同理想。

每个人都需要做出牺牲，但是你不能牺牲、压制自己的梦想。这会让你有怨恨感，失去激情和渴望，并导致和伴侣的疏离。作为伴侣，我们必须帮助对方勇敢说出梦想、追求梦想，不管是职业梦想还是生活梦想。这能让双方及整个关系都充满激情和活力。

没有人想要一个半死不活的伴侣,我们也不需要在关系和实现个人梦想间做取舍。去追寻你的梦想吧,并把梦想分享给你的伴侣。

> **我们不需要在关系和实现个人梦想间做取舍。**

组成一个梦之队

你的伴侣有你所不知道的梦想,而且一些内心最深处的梦想根植于童年时期。你和伴侣拥有的梦想可能就是这些"深层次"梦想。我们在下面的小活动中列出了最常见的梦想。

你所拥有的每一个深层次梦想都至关重要,而且你需要和伴侣共享,有时候甚至可以一起实现这些梦想。如果你梦想去旅行和探险,而你的伴侣梦想进行一次精神之旅,也许你们可以一起实现梦想。或许你们的梦想会相互冲突,但是千万不要隐藏你的梦想。如果你梦想有更多的权力,告诉你的伴侣;如果你梦想建造一个很重要的东西,告诉你的伴侣。

当我们隐藏大大小小的梦想时,我们也藏匿了自己最重要的一些方面,这会阻碍亲密感和建立联结。梦想是你梦寐以求的渴望,如果你不去分享这份渴望,甚至不让你的伴侣知道这份渴望，冲突和矛盾必然会产生。而在我们压制梦想时，梦想不会自动消失，它仍然存活于我们体内，在矛盾发生的时候，尤其是遇到很难处理的矛盾时，这股力量会再次萌芽。避免产生类似矛盾的最好方式就是坦诚地告诉伴侣你大大小小的梦想。

另外，要尊重伴侣的梦想，即便它们和你的梦想相去甚远。如果你的伴侣梦想登上珠穆朗玛峰，不要去计算这会耗去多少时间和金钱。反之，要和伴侣对话：你为什么会有这个梦想？这个梦想对你意味着什么？当你实现了它，会有什么感受？你和伴侣每个人所拥有的每个梦想背后都有一个故事，你们需要互相仔细倾听这些故事。

一起去想象。

两个人可以创造巨大的合力，让你们实现之前认为无法实现的梦想。这个世界也需要你们去实现梦想。在你们的梦想中，个人能够找到最大的快乐，并发现可以和世界分享的内在天赋。

» 小活动 «

梦想清单

请通读下面的深层次梦想清单,看一看是否和你内心深处的梦想相关,或能否激发你产生梦想,或者激发你埋藏在记忆深处早已遗忘的梦想。同时注意:

1. 在列表中圈出你的梦想,或者在空白处写上列表里没被提及的你的梦想,并准备好在约会时和伴侣分享你的梦想清单。
2. 本章"小活动"结尾处有 3 个同心圆,在最中心的圆圈内列出你最重要的一个梦想(或者最多 3 个梦想),在第二层圆内写上次等重要的梦想,在第三层圆内写上很远大但是可做可不做的梦想。

圈出下列对你而言最重要的 3 个梦想:

» 拥有更多的自由。

» 体验和平宁静。

» 体验天人合一。

- ⟫ 探索"我是谁"。
- ⟫ 去进行探险。
- ⟫ 进行一次精神之旅。
- ⟫ 为正义而战。
- ⟫ 创造荣耀。
- ⟫ 抚平过去的伤痕。
- ⟫ 治愈他人。
- ⟫ 建立一个家庭。
- ⟫ 实现我的潜能。
- ⟫ 拥有力量和影响力。
- ⟫ 优雅地老去。
- ⟫ 激发我有创造力的一面。
- ⟫ 帮助他人。
- ⟫ 精通某个领域。
- ⟫ 探索我过去拥有但是已经遗失的部分。
- ⟫ 战胜恐惧感。
- ⟫ 有秩序感。
- ⟫ 提高效率。
- ⟫ 能真正放松。

- 反思我的人生。
- 完成一些重要的事情。
- 探索我的体能或成为一名运动员。
- 参与竞赛并获胜。
- 环球旅行。
- 努力弥补过去的错失，或是请求得到上天或他人的原谅。
- _____
- _____
- _____
- _____

第三个梦想

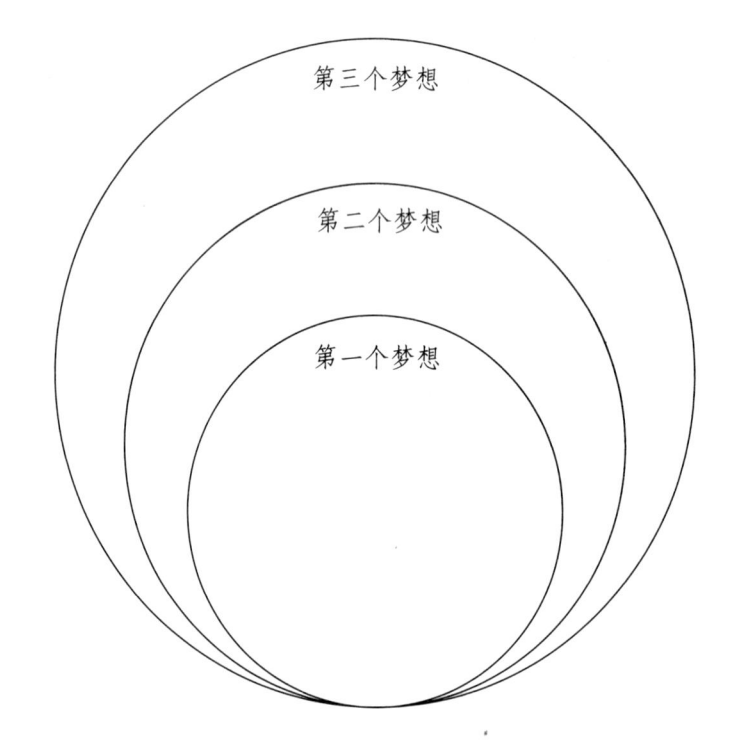

第二个梦想

第一个梦想

» 本章精华 «

1. 尊重对方的梦想是让爱情保鲜的一大秘诀。
2. 你们的关系是你们的一个人生梦想，但是你们每个人都有对自己至关重要的个人梦想。
3. 你们可以让每个人的梦想都成真，但是这极为罕见，很多时候需要做出牺牲和妥协。
4. 尊重伴侣的梦想是一种向对方传达爱意的有效方式。
5. 当梦想得到了尊重，你们关系的方方面面就能变得更加顺利。
6. 每个人都有一个人生梦想或人生目标。
7. 没有任何一方应该为亲密关系牺牲自己的梦想或目标。
8. 如果不互相分享这些梦想，何来互相尊重对方的梦想？

» 约会进行时：梦想 «

对话主题

我们内心最深处的梦想是什么？我们该如何帮助对方实现梦想？我们要以怎样的方式一起梦想？

前期准备

回顾本章内容，并反思阅读过程中头脑中冒出的任何相关想法，即互相尊重梦想对你们来说意味着什么。完成"小活动"中的梦想清单，并把它带到约会地点。在图中写出你们的梦想，预备好告诉对方你的每个梦想背后的故事，并互相分享完成梦想后自己会有何种感受。

约会地点

找到一个能激发你灵感和梦想的地点。选择一个风景优美、能让你灵感迸发，激发你壮志雄心的地方。可以在黄昏或拂晓能看到天际线的时候进行这次约会。

建议

可以选择一个对实现你们共同梦想很重要的地点，比如曾经梦想安家落户的某个小区，或者梦想开一家烘焙店的某个商业区。

在家约会： 在后院或屋顶上铺一张毯子，一边看星星一边聊梦想。每谈论一个梦想，就对着天上的一颗星星许愿。

约会小贴士

带上完成的梦想清单，还可以带上一张纸、一支笔，自己画圈并写上梦想，准备好和伴侣讨论。最重要的是，带上一颗开放的心。

如何预防摩擦

- 不要否认对方的梦想，不要泼冷水，不要质疑或鄙视这个梦想。
- 在充分理解这个梦想之前，不要直接分析实现梦想的现实层面。这会很快扼杀这一梦想，或者让伴侣缄默不语。即便这个梦想看上去不切实际，也不要说出来。
- 请记住，你无法预知未来，无法知道什么事情能实现。
- 问一些重要的问题来进一步理解伴侣的梦想，包括他（她）童年时期孕育这个梦想的经历。
- 询问每一个梦想背后的含义。

约会对话之开放式问题

在讨论完本章的小活动后,请互问下列问题:

1. 你童年时期有梦想吗?
2. 你认为你的父母完成了他们的梦想吗?
3. 你的父母是否支持你完成你的童年梦想?
4. 为什么同心圆最里面的那个梦想对你而言那么重要?
5. 你的梦想和你的童年经历有关吗?有什么样的关联?
6. 有什么终极目的驱使你实现这个核心梦想吗?
7. 如果你的梦想得以实现,你会有什么感受?如果没法实现,你会有什么感受?
8. 请再谈一谈你其他的两个梦想吧(同心圆外围的那两个梦想)。

》共许今生 《

向对方大声读出这段宣言，并在朗读时保持眼神交流。

我承诺，充分探索并理解你的梦想，并在接下来的 6 个月里用行动支持你实现这个梦想。

»结语«

感情生活,且行且珍惜

这8个对话仅仅是个开始。本书中的这些话题对你们的关系很重要——不管你们正在考虑确定关系,还是已经在一起很长时间。两个人之间进行的讨论、互相理解,以及这辈子的爱情,都是永无止境的。你们都想让你们的关系不停地成长和升级,但是你们永远不可能了解一个人的所有方面,而这正是你们的关系的乐趣所在。

把你们的关系当作一次伟大的探险,保持好奇心,勇于袒露内心的脆弱,并敢于踏出自己的舒适区。学会倾听,勇于对话,并互相分享你们的希望、恐惧和梦想。

本书以信任开篇,也将以信任结尾,因为信任能决定任何关系的成败。那些婚姻幸福的夫妻互相深深地信任,能让对方感到放松。信任能让他们互相袒露心底的脆弱，而且增进信任度（做对方的朋友，及时陪伴，遵守诺言）能促进两人的关系。在维持爱情的方式上，你们不必每个方面都一致；事实上，大部分的夫妻是异多于同的。但是，你们必须勇于袒露自我，不要将自己有所隐藏。真正的爱情是由两人间平凡细微的瞬间和互动组成的，要让这些瞬间变得有意义。

你们必须勇于袒露自我，不要将自己有所隐藏。

在早上分别前，试着去了解伴侣在新的一天将要经历的新鲜事情；在分别和见面时，都给对方一个吻；一起玩乐；和对方谈论自己这一天是怎么度过的；了解是什么让你的伴侣倍感压力，了解他们期待什么；尊重对方的梦想。

我们之前已经讲过，那些婚姻幸福的夫妻，特别之处就在于他们会做出积极的表达。即便是发生了重大的冲突或者很激烈的争吵，他们之间积极表达和消极表达的比例也高达5:1；在日常相处时，这一比例会高达20:1。也就是说，日常生活中，只要你和伴侣说了一句带负面情绪的话，就必须用20次的积极表达来补偿。

最重要的是珍惜对方。

最好的方式就是以你们的关系为重，给它以时间、关注，并对你们将要一起创造的生活保持激情。去进行八次约会，反复进行，直到约会 800 次，甚至更多。

对本和利亚而言（第一次约会章节中的那对），在约会时进行的对话深刻地改变了他们的关系。"是的，我们已经在谈婚论嫁。但是这些对话让我们收获了比想象中还要密切的关系。"利亚说。

"他愿意花时间和我分享关于信任与忠诚、金钱、梦想和家庭的故事，这对我而言意味着和我分享他的整个世界。我觉得我们在数月间构建的关系基石比其他情侣数年构建的还要稳固。这种坚若磐石的感情，这种知道无论如何都会互相支持的坚定，让我们非常激动和感激。现在我爱他甚至超过了以前。进行这些约会就像一场探险，现在完成了八次约会的我们已经抵达了探险胜境，踏上了深层次互相理解的康庄大道。现在，我对我们关系的感觉更加真实，更加坚定。我希望我们可以永不停止地进行这种约会。"

进行这些约会的许多夫妻、情侣分享了他们的心得体会：在约会后他们惊喜于关系竟然可以如此亲昵。他们的爱意更浓，而且期待着踏上新的约会之旅。

在亲密关系中相爱是我们所知道的最伟大的冒险之一。我们无法确切地预测未来你们将会遭遇什么，但是我们知道如果你们去探索这八次约会，努力去理解你们的不同之处，并真正去接纳这些不同，终有一天，你们会为所缔造的一切感到惊喜万分。每一次你们望向对方，每一次你们互相安慰，每一次你们认真倾听，每一次你们把伴侣的利益置于自己的利益之上，都是在书写你们爱情故事的新篇章。

请记住，你们共同创造的爱情故事不仅仅对你们大有裨益，还会利及他人。你们的关系将会是孩子的宝贵财产。你们的相爱会影响到孩子未来爱上别人的方式，甚至会影响到孙子辈爱他们父母的方式，你们现在缔造的爱情会影响到一代又一代人……你们的爱情还可以为其他夫妻或情侣树立榜样。众所周知，婚姻和家庭是社会的基石，家和万事兴。当家庭幸福时，社会就会和谐。

此外，管理亲密关系和管理其他关系有很多相通之处。这本书讲了许多沟通交流的技巧：如何问重要的问题，如何倾听，如何做到和而不同……你还可以把这些技巧应用于其他领域，比如应用于处理和朋友的关系、和亲戚的关系、和同事的关系，甚至是和陌生人的关系之中。我们可以从每个人身上都学习到很多。

我们写这本书不仅是为了帮助各位读者,也是为了帮助更多的人。爱我们最亲近的人是我们生命中最重要的事情,但在这一方面我们鲜少受到培训或得到指导。

请把这本书分享给那些努力去缔造或者在重新缔造自己亲密关系的人。

他们能否成功经营这段关系不仅仅会影响到自己,也会影响到自己的孩子、所处的圈子,进而影响到我们的世界。

感谢诸位阅读此书,感谢你们为爱所做出的一切艰苦卓绝、意义深远的努力,感谢你们让这个世界充满更多的爱。

每个人都值得拥有一段执子之手与子偕老的爱情。

》附录 《

一、更多开放式问题

希望你们保持一周一次约会的习惯，让它成为一辈子的仪式。

下面是你们在未来进行约会时可以互问的其他开放式问题。互相提问的本质是永远保持对伴侣的好奇心，永远爱着对方，永远不要停止问对方那些有意义的问题。各位读者还可以去"8datesbook.com"获取更多约会之夜的资源。

1. 你希望你未来的生活是什么样子，比如3年后？
2. 你觉得未来你的工作会发生什么样的变化？
3. 你对我们现在的住所感觉如何？你想要对房子做出一些结构性的改变吗？
4. 如果你能活到100年后，你觉得你的生活会是什么样子？

5. 和你的父母相比,你怎么评价自己作为父母的角色?
6. 你觉得我们的孩子会成为怎样的人?对我们的孩子,你有什么担忧或者希望吗?
7. 你对现在的工作感觉如何?
8. 你生命中有哪个10年是你想重新来过的?为什么?
9. 现在为人父母,你感受如何?
10. 如果时光可以倒流,你希望改变哪件事情?
11. 现在什么事情会让你感到兴奋?
12. 如果明天睁开眼你发现自己有了3项新的技能,你希望是哪些技能?
13. 你对于未来最大的担忧是什么?
14. 你现在最好的盟友、最亲近的朋友是谁?他们或者你发生了哪些改变?
15. 你青少年时期的巅峰和低谷分别是什么?
16. 如果你可以穿越到历史上任何一个阶段,你会选择哪个阶段?为什么?
17. 如果你可以任意选择职业,你会选择从事什么工作?为什么?
18. 过去的一年中,你发生了哪些变化?
19. 如果你可以选择过上某个人的生活,你会选择谁?为什么?
20. 现在你有哪些人生梦想?

21. 你对我们的家庭有哪些目标?
22. 如果你可以看上去像世界上的任何一个人,你会选择谁?为什么?
23. 今年对你来说是怎样的一年?巅峰还是低谷?
24. 请告诉我你最引以为傲的经历。
25. 如果你可以成为任何一项体育运动的超级明星,你会选择哪一项运动?为什么?
26. 过去这些年,你在为人父母方面做出了哪些改变?
27. 过去这些年,你在为人子女方面做出了哪些改变?
28. 过去这些年,你在为人兄弟姐妹方面做出了哪些改变?
29. 你觉得和哪位亲戚最亲近?为什么?
30. 在你的生命中,你觉得哪个人最难相处?
31. 如果你能成为世界首富,你会把钱花在什么地方?
32. 如果你可以变身为任意一种动物,期限是24小时,你想变成哪种动物?为什么?
33. 在你童年时期,谁是你心目中的超级英雄?
34. 如果你可以在世界上任意一个国家度过余生,你希望是哪个国家?为什么?
35. 如果你可以在任意艺术领域成为天才,比如音乐、舞蹈等,你希望是哪个领域?为什么?

二、额外的约会演练

每次约会时,可以加上下面这个练习,或者可以把这个作为另外一个约会主题。目标是更好地珍惜对方所具备的美好品质。

珍惜彼此

请在下表中标注出你的伴侣具有的品质,并想一下能体现这些品质的相关事例,然后告诉自己:能和我的伴侣在一起,我感到很幸运。下次约会时,再回想一遍此表,并感谢你的伴侣所拥有的这些积极的品质。

我很珍惜你，因为你很……

（请在每个品质后都举出一个相关事例）

- 活泼
- 适应性很强
- 有冒险精神
- 有进取心
- 有欣赏的眼睛
- 有艺术细胞
- 真实
- 清醒
- 稳重
- 大胆
- 勇敢
- 顽强
- 灵活
- 有宽容心
- 友好
- 有趣
- 慷慨
- 温柔

- 沉着冷静
- 有能力
- 能关爱他人
- 快乐
- 聪明
- 慈悲
- 有把握
- 有良知
- 体贴周到
- 无畏
- 有创造力
- 敦厚
- 会唱歌
- 干净
- 有教养
- 观察力强
- 思想开放
- 乐观

- 有好奇心
- 有魄力
- 敬业
- 靠谱
- 有决心
- 有投入精神
- 随和
- 有共情能力
- 有恒心
- 有道德心
- 公平
- 有责任心
- 有自信
- 敏锐
- 真诚
- 聪慧
- 擅长社交
- 注重精神

- »» 开心
- »» 努力
- »» 健康
- »» 乐于助人
- »» 诚实
- »» 谦虚
- »» 幽默
- »» 富有洞察力
- »» 智商高
- »» 有吸引力
- »» 直觉力强
- »» 善良
- »» 知识面广
- »» 忠诚

- »» 有秩序
- »» 有耐心
- »» 平和
- »» 有感知力
- »» 有毅力
- »» 实事求是
- »» 有原则
- »» 反应快
- »» 安静
- »» 理性
- »» 可靠
- »» 有韧性
- »» 足智多谋
- »» 恭敬

- »» 稳定
- »» 强壮
- »» 能支持他人
- »» 爱思考
- »» 包容
- »» 诚恳
- »» 值得信赖
- »» 坦率
- »» 理解力强
- »» 无私
- »» 温暖
- »» 明智
- »» 机智

》致谢《

首先,我们要感谢"亲密关系至上"智库——在这个智库里,我们大家以"夫妻档"的形式进行了第一次会面。这个卓越的团队由哈维尔·亨德里克斯和海伦·拉克利·亨特召集,他使一批亲密关系专家以前所未有的方式聚集,共同致力于和夫妻、情侣分享亲密关系教育,以防他们相处中的不可避免的摩擦升级,铸成永久的伤害。在其中一次聚会中,我们有了写下此书的想法,目的是帮助夫妻或情侣学习管理他们的关系的技巧,以最大的概率收获幸福。我们的目标是缔造健康的婚姻关系,而这能促进家庭和睦,社会和谐。

我们要感谢"亲密关系至上"智库的朋友和同事们,是他(她)们支持并鼓励我们创作了本书:哈维尔和海伦、马里昂和马特·所罗门、卡罗琳·韦尔奇和丹·西格尔、埃林·白德和皮特·彼得森、朱迪丝和道格·安德森、莉莲·博尔赫斯、杰夫·茨威格、特蕾西·波得曼·泰德肯和斯坦·泰德肯、米歇尔·维尔纳·戴维斯和吉姆·戴维斯、艾米·班克斯、琼妮和斯科特·科瑞恩斯、特里萨和斯科特·贝克、克里斯·布瑞克勒、艾拉妮斯·莫莉赛特和舒蕾耶、黛安·阿克曼、杰特和瑞奇·西蒙、佩吉·卡拉汉、布瑞恩·弗里德曼、珍妮弗和埃里克·加西亚、伊丽莎白和凯文·飞利浦、约翰和杰米·斯坦利、朱迪·约旦、凯利·汤普森·弗雷特和鲍勃·弗雷特、丹·普罗塞、彭妮·乔治、约翰·道格拉斯和苏·约翰逊、盖尔·奥伯。

在此,约翰和朱莉对戈特曼研究所团队致以深深的谢意,是这个团队协助他们把象牙塔(实验室)里的数据和分析应用于上百万的家庭中,帮助全球各地的夫妻或情侣收获圆满的亲密关系。他们尤其要感谢领导团队的成员:艾伦和埃塔娜·库诺夫斯基、迈克·富尔威勒、珍·达尔比、凯莉和唐·科尔,以及克里斯托·克莱斯、克里斯·多拉德、凯特琳·多纳休、汉娜·伊顿、凯特琳·埃文、沃尔特·盖蒂、肯德拉·汉、艾米·洛夫提斯、詹妮弗·洛芙提斯、艾米·麦克马汉、赛德·彼得森、凯蒂·雷诺兹、贝卡·桑格温、阿兹扎·西格塔和特蕾莎·苏坦。他们中的每一位都对本书作出了不可或缺的贡献。我们还要感谢和戈特曼研究所合作的安德鲁·穆姆,他带领着自己的技术精英帮助我们开展研究,和参与研究的夫妻、情侣进行沟通。

道格和瑞秋要感谢他们领导的"概念架构师"团队和圣克鲁斯综合医学团队，团队人员包括玛丽亚·桑福德、凯尔西·谢洛纳斯、茱莉亚·邓恩、凯瑟琳·瓦兹、科迪·洛芙、艾思梅·施华尔·魏根、妮娜·科尔贝和格利尼斯·陶尔米纳。

我们还要感谢多年来和约翰及朱莉合作过的夫妻及情侣（或在戈特曼研究所，或在爱情实验室，或在工作坊，或在私人练习时）。我们也要感谢瑞秋在进行医学治疗时和在工作坊中所会见的夫妻、情侣。我们尤其要感谢那些参与书中约会的志愿者们，感谢这些夫妻、情侣参与和分享经历，并给我们非常有益的反馈。

我们也要感谢我们专业的编辑玛丽埃伦·奥尼尔，以及Workman的整个团队，包括丽贝卡·卡莱尔、克洛伊·普顿、莫伊拉·克里根、艾米丽·克拉斯纳、珍妮·曼德尔、贝丝·利维、芭芭拉·佩拉金和雷·安·斯皮岑伯格，是他们的辛勤努力使这本书得以面世。我们尤其要感谢Workman的发行人苏西·鲍洛金，她特别了不起，多年来一直在为这本书的策划和面世而努力，让这本书经过多年的"孕育"后终于可以"出生"。她对这本书怀有和我们一样的激情，并希望把它献给自己的孩子、孩子的伴侣，以及上百万的夫妻、情侣，是她的努力让这本书得以出版。

最重要的是，我们要感谢劳拉·拉乌·哈丁和她的丈夫山姆·哈丁。劳拉和我们共同合作创作了此书，她将我们充满四人欢乐的笑谈和漫步故事式的四人对话嵌进了各位在看的书中。她理智而充满创意，帮我们提炼并强化了想法。

我们难以用语言表达出对劳拉的感激之情，能和她一起合作实在是太幸运了。书中也能体现出她自己关于经营亲密关系的智慧，以及她从和山姆的婚姻中学习到的观点。此外，劳拉的丈夫山姆给予她很多鼓励，在伴侣支持方面堪称典范。在一段全情投入的亲密关系中，一方做出的任何努力都离不开伴侣的爱和支持。感谢你们，劳拉和山姆。

我们也要感谢我们的孩子——我们关系中最伟大的成就。约翰和朱莉要感谢女儿莫里亚及女婿史蒂夫。大家可以想象到，当年史蒂夫见到身为精神学家和婚姻专家的准岳父岳母时，是多么忐忑不安。但是准岳父岳母从看到史蒂夫的第一眼就认定了他是女儿的完美伴侣，并为他们的结合感到欣喜万分。

道格和瑞秋要表达对孩子杰西、凯拉和艾丽亚娜的爱和感谢(还有他/她们未来的伴侣,虽然现在还不知道会是谁)。步入婚姻、为人父母是人生中最伟大的探险,他们为有机会成为(充满爱意、非常热闹、各抒己见、开心欢乐的)一家人而满怀感激。

最后,我们要感谢所有阅读此书的夫妻或情侣,感谢你们阅读并把书分享给他人,感谢你们努力去创造爱、信任和理解——这是婚姻、家庭、社会,乃至于我们共同创造的这个世界的基石。

》尾注《

第三次约会

1. 该中心的网址为：http://www.celf.ucla.edu/pages/index.php

第四次约会

2. 参见《家庭关系》(Family Relations) 于 2012 年发表的"探讨财务问题与离婚之间的关系"(Examining the relationship between financial issues and divorce)，休斯顿等 (Dew, J., Britt, S., & Huston, S.) 著，第 61 期，615—628 页。

3. 参见约翰·戈特曼 2014 年于劳特利奇出版的《普林帕·阿莫瑞：爱的新科学》(Principia Amoris: The New Science of Love)。

4. 参见皮尤研究中心 (Pew Research Center) 的"关于职场女性的十个发现"(10 Findings about Women in the Workplace)，详见网址：http://www.pewsocialtrends.org/2013/12/11/10-findings-about-women-in-the-workplace/

5. 参见美国人口普查局 Data Ferrett 于 2014 年 12 月发布的《当前人口调查》(Current Population Survey) 的月度微数据。

6. 本数据基于皮尤研究中心两项调查综合回应的统计数据，一项是在

2010年1月14日至27日进行的，另一项是在2011年12月6日至19日进行的。对这两组数据进行比较，结果相似。我们将这两项数据进行了组合，以增加样本量和可靠性。

7. 参见《婚姻与家庭杂志》(Journal of Marriage and Family)于2003年发表的"婚姻质量与工作满意度之间的溢出：长期模式和性别差异"(Spillover between marital quality and job satisfaction: Long-term patterns and gender differences)，罗杰斯等（Rogers, Stacy J. & May, Dee C.）著，第65期，482—495页。

8. 参见《婚姻与家庭杂志》于1996年发表的"关于家庭劳动分工和有偿工作的婚姻冲突"(Marital conflict about the division of household labor and paid work)，克鲁沃等（Kluwer, Esther S., Heesink, Jose A. M. & Van de Vliert, Evert）著，第58期，958—969页。

9. 参见明尼苏达州的明尼苏达大学人口中心马里兰大学帕克分校马里兰州人口研究中心，亚伯拉罕等（Abraham, Katharine G., Flood, Sarah M., Sobek, Matthew and Thorn, Betsy）得出的"美国时间使用调查数据提取系统2.4版[机器可读数据库]"(American Time Use Survey Data Extract System: Version 2.4 [Machine-readable database])。

第五次约会

10. 参见2013年发布的《家庭子女支出》(Expenditures on Children by Families)，详见网址：http://www.cnpp.usda.gov/sites/default/files/expenditures_on_children_by_families/crc2013.pf

11. 阿耶莱·沃尔德曼的《真实地，疯狂地，内疚地》(Truly, Madly, Guiltily)于2005年3月27日发表于《纽约时报》(New York Times)。

第七次约会

12. 参见《家庭问题杂志》(*Journal of Family Issues*) 于 2016 年发表的"婚姻神圣、关系维护和婚姻质量"(Marital sanctity, relationship maintenance, and marital quality),斯塔福德(Stafford, L.)著,37 页。
13. 参见皮尤研究中心出版的《2014 年宗教状况调查》(*2014 Religious Landscape Survey*),详见网址:http://www.pewforum.org/2016/10/26/religion-in- marriages-and-families/
14. 这个调查问卷最早出现于约翰·戈特曼于 1999 年在三河出版社(Three Rivers Press)出版的《获得幸福婚姻的 7 法则》(*The Seven Principles for Making Marriage Work*)中。

图书在版编目（CIP）数据

爱的八次约会 /（美）约翰·戈特曼等著；王姗姗译. — 北京：北京日报出版社，2020.8（2021.5重印）
ISBN 978-7-5477-3707-1

Ⅰ. ①爱… Ⅱ. ①约… ②王… Ⅲ. ①婚姻 – 通俗读物 Ⅳ. ①C913.13-49

中国版本图书馆CIP数据核字(2020)第120809号

著作权合同登记 图字：01-2020-1608号

EIGHT DATES: ESSENTIAL CONVERSATIONS FOR A LIFETIME OF LOVE
by JOHN GOTTMAN, PH.D AND JULIE SCHWARTZ GOTTMAN PH.D
Copyright:© 2018 BY JOHN GOTTMAN,JULIE SCHWARTZ GOTTMAN
This edition arranged with WORKMAN PUBLISHING CO,. through Big Apple Agency, Inc., Labuan, Malaysia.
Simplified Chinese edition copyright: 2020 Beijing Zito Books Co., Ltd.
All rights reserved.

爱的八次约会

责任编辑：王　芳
作　　者：[美]约翰·戈特曼，[美]朱莉·施瓦茨·戈特曼，
　　　　　[美]道格·艾布拉姆斯，[美]瑞秋·卡尔顿·艾布拉姆斯
译　　者：王姗姗
监　　制：黄　利　万　夏
特约编辑：曹莉丽　孙　建
营销支持：曹莉丽
版权支持：王秀荣
装帧设计：紫图装帧
出版发行：北京日报出版社
地　　址：北京市东城区东单三条8-16号东方广场东配楼四层
邮　　编：100005
电　　话：发行部：（010）65255876
　　　　　总编室：（010）65252135
印　　刷：天津中印联印务有限公司
经　　销：各地新华书店
版　　次：2020年8月第1版
　　　　　2021年5月第2次印刷
开　　本：880毫米×1230毫米　1/32
印　　张：9
字　　数：145千字
定　　价：55.00元

版权所有，侵权必究，未经许可，不得转载